JEAN-MARIE ROUART
de l'Académie française

DRÔLE DE JUSTICE

ALBIN MICHEL

« L'histoire est un mensonge qu'on ne conteste plus. »

Napoléon

« L'homme n'est la matière première
que de sa propre vie.
Je refuse d'obéir. »

Jean Giono

JUSTICE, MA CRUELLE ILLUSION

I

Des liaisons secrètes

D'où m'est advenue, en ce pimpant matin d'été, cette fièvre subite à laquelle j'étais loin de m'attendre ? Aucun symptôme ne l'avait précédée. Assis devant un petit déjeuner sur la terrasse ombragée d'un grand hôtel de Cognac, je savourais une matinée nonchalante, faite pour la paresse et la rêverie. Une de ces matinées semblables à celles qui succèdent à une nuit d'amour longtemps espérée. Je n'en attendais rien, sinon que dure cette douillette félicité. La veille, j'avais assisté à la représentation de ma pièce *Le Bar de l'Oriental* au grand théâtre de Jarnac, grâce à la bienveillante obstination de l'organisateur du festival, Pierre Bonnier. Être joué pour un auteur tient toujours plus ou moins du miracle : peu de créations exigent un tel concours de circonstances favorables, tant d'obstacles doivent être surmontés, de difficultés aplanies pour que le rideau se lève enfin. Aussi, gagné par le sentiment d'être favorisé par la vie, on se garde d'être ingrat et on se contente de savourer l'instant sans rien exiger d'autre.

Quelle bizarre effervescence se produisit soudain en moi ? Je m'emparai d'un stylo et traçai des lignes sur le papier. J'avais pris feu. Je ne savais nullement ou j'allais. Où cette inspiration allait-elle me conduire ? Peut-être nulle part. Tant de ces accès, qui sont le charme de la création littéraire, se révèlent mort-nés. Ce ne sont que des pièges tendus par une imagination fertile. En l'occurrence la magie durait. Il s'agissait bien de magie car ni la raison ni la volonté ne me guidaient. Tout s'effaçait autour de moi. Les heures passaient. J'étais aussi étranger au monde extérieur qu'un somnambule. Catapulté sur une étrange planète, je n'étais plus qu'un scribe docile obéissant à une mystérieuse dictée. J'éprouvais la singulière griserie d'être emporté au-delà de moi-même tout en plongeant au cœur de moi-même, dans les fibres les plus profondes de mon être. La création littéraire n'offre que rarement de telles embellies. L'épiphanie est l'exception heureuse qui succède le plus souvent à un travail aride. L'écrivain, comme le chercheur d'or, creuse dans un tunnel sans savoir si celui-ci a une issue. D'où la jubilation qu'il éprouve quand l'inspiration se rapproche d'un enthousiasme qui le relie à des forces supérieures. La volonté en veilleuse, il se laisse entraîner vers un but qu'il ignore et découvre un monde en lui dont il ne soupçonnait pas l'existence.

Pendant les trois jours que dura cette exaltante transe littéraire, je ne me posais aucune question sur la nature de ce que j'écrivais. Ni même sur sa qualité artistique. Je m'étais libéré d'un poids et je me sentais soulagé par cette opération. Mais quand j'eus terminé et que l'enthousiasme fut refroidi, je pus juger plus raisonnablement le fruit de ce que j'avais écrit. Je devais me rendre à l'évidence : le thème que j'avais traité, autour duquel s'organisait la dramaturgie de ma pièce, c'était la justice. Dans son caractère implacable, sa noirceur, ses imbrications sociales. Et ce sujet soudain m'apparaissait comme l'axe central autour duquel, comme écrivain, je n'avais cessé de tourner. De manière compulsive, j'avais toujours écrit sur la justice. Une passion qui parfois frisait l'obsession. De plus, il existait un étrange lien entre mes fictions et mon existence, car loin d'avoir connu la justice sous une forme platonique, je l'avais approchée de près comme journaliste, et même de plus près encore comme inculpé et condamné dans une fameuse affaire judiciaire, celle d'Omar Raddad.

Les liaisons secrètes qui existent entre la littérature et la justice n'ont cessé de me troubler. En réalité, tous mes ouvrages et l'essentiel de mes articles sont reliés étroitement à cette question : mon roman *Avant-guerre*, qui s'inspire du procès Pucheu à Alger, en 1943, explore de manière exemplaire les conditions de ce qu'on nomme après coup une erreur judiciaire, comme si les procès politiques n'étaient pas toujours des parodies de justice. La liturgie du droit, le tribunal, le décorum, le ministère public, les avocats ne servent qu'à maquiller de formes acceptables la crudité impitoyable d'une décision politique. Ne serait-il pas plus honnête d'envoyer le prévenu directement au peloton d'exécution et de lui infliger les douze balles dans la peau sans avoir recours à cette fiction de justice ? Mais c'est le moyen que la société a trouvé pour sauver la face et éviter le soupçon de barbarie. Le paradoxe, c'est que peu de magistrats, même honnêtes dans ces circonstances de volte-face de l'histoire, se sont soustraits à cet évident déni de justice, comme s'ils trouvaient une certaine grandeur dans l'obéissance aveugle à la raison d'État. Les « sections spéciales » de Vichy le prouvent. C'est par ce moyen que Robespierre est parvenu à convaincre les députés de la Convention de condamner Louis XVI : « Vous n'êtes pas des juges, vous êtes des hommes d'État. » Dans un autre roman, *Le Scandale*, j'ai voulu montrer comment, de la même façon mais dans un contexte différent, une situation historique exceptionnelle, celle de l'Amérique des années 30, opéraient certains juges de l'État de Virginie, qui trouvaient une foule d'alibis pour éviter de condamner les auteurs de crimes racistes, légalement condamnables, mais qu'eux-mêmes approuvaient.

La vérité, s'il y en a une, est peut-être à chercher au-delà de l'appareil judiciaire qui n'est que la dramatisation des mœurs à la faveur d'un fait divers, l'institutionnalisation dans l'ordre pénal de la dictature des mentalités. Car qu'est-ce que la société sinon un théâtre où on ne cesse de passer devant un tribunal ? Riche ou pauvre, chanceux ou malchanceux, vertueux ou malfaisant, on est toujours l'objet d'un verdict. Un verdict qui le plus souvent n'a pas besoin de prétoire, ni de magistrats vêtus d'hermine. C'est peut-être ce qui explique en partie qu'entre la littérature et la justice il existe tant de liens. La plupart des romans ou des pièces de théâtre depuis Sophocle, Euripide, en passant par *L'Iliade* et *L'Odyssée* pourraient se résumer à ce schéma : qui est le coupable, quel sont les complices, quelle est la nature du crime commis. L'Antiquité ouvrait ce débat en y mêlant les dieux en rivalité avec les mortels. Désormais on a laïcisé l'affaire : les dieux sont remplacés par la société. La liberté n'a de limites que les lois, et les magistrats sont chargés de les appliquer avec plus ou moins de circonspection et de bienveillance.

L'affaire de Bruno Joushomme, pour lequel je créai un comité de soutien en 1998, a apporté une illustration caricaturale de ce souci de normalisation que la société suggère à la justice : ce jeune homme de vingt-deux ans, étudiant en sociologie, condamné sans preuves à la réclusion perpétuelle pour avoir assassiné son épouse en mettant le feu à sa voiture, avait surtout contre lui d'avoir contracté un mariage « disproportionné », puisque son épouse avait trente ans de plus que lui et était plutôt disgracieuse. De plus, elle avait fait de lui son légataire universel. Certes, on sait que les braves gens n'aiment pas qu'on suive une autre route qu'eux… mais les juges !

II

Retour au cœur brûlant

En ce mois de juin 1991, au sein de la délicieuse touffeur corse, j'étais loin d'imaginer qu'un article lu dans le journal *Nice-Matin* allait bouleverser à ce point mon existence. Que grâce à lui je me réveillerais d'un long sommeil. Le choc qu'il provoqua en moi me fit revenir à une interrogation fondamentale qui somnolait. Je pris conscience que loin d'être pour moi l'objet d'un débat intellectuel, d'une réflexion, elle constituait le cœur brûlant de ce que j'étais. Elle éclairait tous les éléments disparates de ma vie, mes engouements contradictoires. Et l'idéal qui ne m'a jamais quitté : cette passion littéraire qui a tissé toutes les fibres de ma vie et qui y trouve son origine. Mais toute rencontre n'est-elle pas toujours un rendez-vous ? Je ne peux me défendre d'une superstition tantôt romaine, tantôt jungienne. Je vois partout des signes que j'interroge et des symboles que j'interprète.

Ce journal, je le parcourus d'abord distraitement, puis je tombai en arrêt devant le récit d'un fait divers. Un crime avait été commis sur la côte de cette Méditerranée que je voyais s'étendre sous mes yeux, près de Cannes, à Mougins. La femme divorcée d'un grand équipementier automobile, Mme Ghislaine Marchal, avait été assassinée dans la cave de sa propriété. Rien que d'assez banal dans les annales criminelles de la Côte d'Azur. Ce qui donnait du piquant à l'affaire, c'est que la dame était très riche et son prétendu meurtrier un jardinier marocain qui était à son service. Longuement torturée, elle était morte après avoir tracé de sa main – c'est du moins ce qu'on prétendait – une accusation qui allait bientôt devenir célèbre : « Omar m'a tuer ». La lecture de ce récit m'électrisa. J'y vis immédiatement un tissu d'invraisemblances. Était-il plausible qu'une femme à l'agonie ait pris autant de temps pour désigner son meurtrier au lieu de chercher à s'enfuir ? C'est la première fois que j'appris l'existence d'Omar Raddad. Je fus saisi d'effroi comme si j'étais moi-même le suspect et que, dans cette affaire kafkaïenne, je ne parvenais pas à prouver mon innocence. Rien ne pouvait laisser supposer que ce crime crapuleux serait hissé un jour au rang des plus légendaires affaires criminelles du XXe siècle. Ni le rôle que j'allais y jouer. Pourtant, je n'éprouve pas pour les affaires judiciaires cet intérêt de tragédie qui a mobilisé Mauriac avec son personnage Thérèse Desqueyroux, ou Jean Giono dans l'affaire Dominici, dont il a passionnément suivi les débats à la cour d'assises, ou de la même manière que Gide, qui a publié ses souvenirs de juré. Je ne partage pas non plus l'attrait esthétique de Duras ni celui de Truman Capote pour l'horreur des crimes.

Ce qui me mobilisait, au-delà de la défense d'un homme dont tout criait l'innocence, c'était l'abjection d'un scénario dont je subodorais le machiavélisme. Mais aussi cette question : pourquoi une famille très honorable acceptait-elle de faire porter la responsabilité d'un crime à un innocent manifeste plutôt que de risquer d'être compromise en laissant la justice suspecter l'un de ses membres ? Le dossier offrait aussi une disproportion sociale et culturelle qui aurait pu servir de justification à des marxistes pour dénoncer la justice de classe. Que des tenants de la grande bourgeoisie aient besoin comme partie civile du renfort de Me Henri Leclerc, ténor du barreau, de plus président de la Ligue des droits de l'homme, pour accabler un jardinier marocain, paraissait aussi inconvenant et incongru que d'employer un marteau-pilon pour écraser une mouche. Et que dire du verdict ? « Dix-huit ans de prison avec les circonstances atténuantes. » C'est à ce moment que l'on découvre la véritable faille d'un procès inique : avec un crime aussi abominable, accompagné de multiples tortures et d'un acharnement peu habituel, traumatisme crânien, foie perforé, mâchoire arrachée, comment pouvait-on justifier une telle clémence ? À l'évidence, non ! Alors la lumière se fait peu à peu : le président du tribunal voulait une condamnation, les jurés y étaient hostiles. C'est ainsi que l'on a abouti à une misérable demi-justice, c'est-à-dire à l'injustice.

Me Vergès était-il le diable en personne, comme il se plaisait à le dire ? Cette affaire me permit de fréquenter ce personnage, qui reste l'un des plus intéressants, je dirais même le plus atypique, du monde judiciaire. Du diable il avait la séduction, les manières policées, le raffinement et les coquetteries aristocratiques. D'une élégance appuyée, entouré de beaux meubles et d'un décor du meilleur goût, il se glissait avec complaisance dans son rôle de gentilhomme du barreau défendant les causes les plus subversives. Une coquetterie dont il tirait une satisfaction manifeste : elle caressait son goût pour la provocation et un cabotinage qu'il ne dissimulait pas. Il me faisait penser à une mitraillette égarée dans un sac Hermès. Pour le comprendre, il fallait se souvenir que ce métis avait connu toutes les humiliations de l'Indochine coloniale, qui suscitaient en lui un ardent désir de revanche et une extraordinaire méfiance envers toutes les consécrations sociales, dont il avait pu mesurer l'hypocrisie et la lâcheté. Cela expliquait la nature de ses combats. Il allait là où personne ne voulait aller. Affranchi de tous les préjugés, il partageait toutes les révoltes et les insurrections, trouvant chez les terroristes ce charme et cet attrait que d'autres éprouvent pour les gens distingués, décorés, respectés, qui composent ce que l'on appelle la bonne société. Il était le diable, mais un diable dépourvu de méchanceté, car ce qui le définissait, c'était de ruer dans les brancards, de semer le désordre dans les esprits plus que dans la rue. Anticonformiste, anarchiste, il comprenait que le désordre était une aspiration légitime à bouleverser un ordre toujours, pour lui, fondé sur l'injustice.

Aussi les causes qu'il choisissait étaient-elles toujours les plus sulfureuses. Il aimait faire scandale, ce qui était dans la droite ligne de sa conception de la défense de rupture. Pourquoi dans sa défense des terroristes ménager un ordre social qui allait forcément les condamner ? Mieux valait mettre cet ordre social, souvent oublieux de ses propres crimes – ou les jugeant légitimes – face à ses contradictions et stigmatiser sa prétention à se voir comme le parangon de la légalité. C'est ainsi qu'il en usa dans les procès mettant en cause les terroristes du FLN, puis Carlos, et enfin, sommet de la provocation, Klaus Barbie : il fallait un certain culot pour comparer le tortionnaire de Jean Moulin aux officiers supérieurs français, le général Massu ou le général Aussaresses, qui avaient eux-mêmes pratiqué la torture et des sévices mortels et ne s'en cachaient pas pour autant ! Le scandale était assuré. Il le fut au-delà de toute attente. L'argument philosophique qui sous-tendait sa défense des inculpés, c'est que les notions d'innocence et de culpabilité, autant dire le droit lui-même, sont des produits aléatoires. Considérer que si Hitler avait gagné la guerre contre les puissances alliées, le cas de Klaus Barbie eût été certes répréhensible, mais ni plus ni moins condamnable que ceux commis par les généraux Massu et Aussaresses suppose une certaine dose de mauvaise foi et un art consommé de la casuistique. Rien n'éclaire mieux sa conception politique que cette phrase de Louis Blanc qu'il me citait : « La chose dont on devrait le plus se défier, mais on ne s'en défie jamais, c'est l'histoire des vaincus racontée par les vainqueurs. »

Que ce diable d'homme, abonné aux scandales, aux provocations, se soit retrouvé le conseil d'Omar Raddad, dont le profil d'innocent était à l'opposé de ses clients habituels, a encore troublé la sérénité des débats. « C'est mon premier innocent », me disait-il avec un sourire. D'autant que l'avocat de la partie civile, Henri Leclerc, illustrait, lui, cette bonne conscience de gauche qu'exécrait Vergès. Un débat s'est ouvert après la condamnation du jardinier marocain sur l'opportunité d'avoir eu recours à un avocat aussi génial que décrié. Personnellement, je pense qu'après une instruction volontairement bâclée, menée à charge par un juge d'instruction, Jean-Paul Renard, lui-même suspect puisqu'il fut par la suite révoqué pour des faits particulièrement graves non seulement de la magistrature mais exclu de sa loge maçonnique, la GLNF, la condamnation d'Omar Raddad était inéluctable.

À dire vrai, quand je tente d'examiner froidement cette affaire, monstrueuse par bien des aspects, je ne peux m'empêcher de penser qu'elle est d'un ordre qui dissuade l'approche rationnelle : tout concourait à ce qu'Omar Raddad ne fût pas impliqué dans un crime que, de toute évidence, il n'avait pu commettre. Et pourtant tout a concouru à façonner cette erreur judiciaire hors normes qui restera comme une tache indélébile dans les annales de la justice. Alors il faut faire intervenir un facteur irrationnel : le destin, ce *fatum*, qui choisit ses proies sur des critères que nous ignorons, dans des buts aussi incompréhensibles pour nous que ces épisodes tragiques qui surviennent et constituent l'énigme de tant de vies humaines. D'où vient que beaucoup d'hommes et de femmes, dans des ordres différents, célèbres ou obscurs, connaissent une injuste déchéance ou un martyre qu'ils n'ont nullement mérités ? Ainsi, Jeanne d'Arc, Louis XVI, Mata Hari, les moines de Tibhirine, tant d'autres qui ont vu leur vie leur échapper, prédestinés au malheur, comme frappés par les décrets d'une puissance supérieure dans le dessein de montrer aux hommes l'incertitude de la destinée.

Je ne rapporterai pas tous les épisodes de ce long combat de près de trente ans que j'ai mené, que je mène encore, avec ses avocats successifs, Me Vergès puis Me Noachovitch, pour amener les magistrats à réviser la condamnation d'Omar Raddad. Je lui ai consacré deux ouvrages : *La Construction d'un coupable* et *La Fabrication d'une injustice*, qui certes n'ont pas réussi à ébranler la conviction des juges, mais qui ont introduit un sérieux doute dans l'opinion. Au point que récemment encore l'avocat de Marine Le Pen, dans sa plaidoirie lors du procès des emplois fictifs du Rassemblement national, considérait que sa cliente était la victime d'une erreur judiciaire aussi criante que celle dont était victime Omar Raddad.

Certaines personnes, quelques journalistes ont pu s'étonner qu'un écrivain connu pour ses activités littéraires ait pris soudain feu pour la cause d'un jardinier marocain avec qui il ne partageait rien en apparence : en tout cas ni la situation sociale, ni les origines, ni la religion. Ce qu'ils ignoraient, c'est que cette question du bien-fondé des décisions de justice, bien avant l'affaire Omar Raddad, a été au cœur de ma vocation de journaliste et qu'elle l'a largement justifiée. Ainsi, en juin 1969, j'appris par un entrefilet des journaux qu'une jeune femme, professeur à Marseille, venait d'être inculpée pour détournement de mineur. Âgée de trente ans, elle avait entretenu une liaison avec l'un de ses élèves, âgé de seize ans.

Elle s'appelait Gabrielle Russier et n'avait jamais fait parler d'elle.

J'écrivis un article dans *Le Figaro* qui fit un certain bruit, notamment en raison de la nature de l'organe de presse qui le publiait : grand journal conservateur, celui-ci n'avait pas l'habitude de troubler la digestion de ses lecteurs à l'heure du petit déjeuner par des informations et des propos provocants ou légèrement scandaleux. Mais curieusement, les lecteurs de ce journal, qui s'étaient affranchis d'un certain nombre de préjugés à la faveur de Mai 68, insensiblement se convertissaient à la tolérance en matière de mœurs. Ils ne montrèrent aucune réprobation. Si certains s'indignèrent, ils n'allèrent pas jusqu'à le manifester. Cette position audacieuse dans la défense d'une pécheresse ne me nuisit pas au sein du grand journal conservateur tenté par le libéralisme. D'autant que, quelques mois plus tard, le président Georges Pompidou, au cours d'une fameuse conférence de presse, m'apportait la caution des autorités constituées.

C'est paradoxalement à cette occasion que je fis la connaissance de Jean d'Ormesson. Il me téléphona pour m'assurer de son soutien et m'invita à déjeuner. Ce fut ainsi que commença une amitié de cinquante ans. Même si lui-même, au contraire de Mauriac, n'avait aucun goût pour les polémiques sociales, son soutien ne me manqua jamais. Il vint me secourir devant les juges de la XVIIe chambre quand je fus accusé, puis condamné pour diffamation, dans l'affaire Omar Raddad. Ce sceptique me regardait avec une affection amusée prendre des coups – lui qui s'ingéniait à les éviter –, accumuler les insultes et les humiliations – lui qui détestait par-dessus tout susciter des inimitiés. L'écrivain s'amusait de mes engagements dans lesquels il voyait la poursuite d'une tradition littéraire française. Je pense même que parfois il m'enviait une liberté vis-à-vis de la société que l'homme du monde en lui, modelé dans une tradition aristocratique de discrétion, ne s'accordait pas.

En revanche, je ne bénéficiais pas de la même mansuétude quand, deux ans plus tard, je révélais les liaisons dangereuses entre la hiérarchie de la police de Lyon et des proxénètes de haut vol. D'autant que s'y mêlaient des hommes politiques qui, non seulement ne s'indignaient pas de cet état de fait, mais y trouvaient leur compte. Les rédacteurs en chef adoptèrent une position jésuitique : ils acceptèrent de publier cette enquête dont ils soupçonnaient l'auteur d'être contaminé par le gauchisme ambiant, cette épidémie qui s'immisçait partout, même dans ce château-fort de la bourgeoisie. Mais ils se dépêchèrent de publier, à quelque temps de là, sans états d'âme, une série d'articles qui constituaient une réfutation en règle. Les lecteurs du journal, même si les faits sont têtus, ne devaient en aucun cas douter de l'intégrité de leur police. On leur livra donc une nouvelle interprétation édulcorée, raisonnable, responsable et parfaitement erronée des turpitudes lyonnaises. J'apprenais le journalisme. Dans ce domaine, la justice, comme le dieu Janus, avait deux faces.

À travers cet épisode scabreux qui m'infligeait une urticante blessure d'amour-propre, j'en retirai un sérieux doute sur la possibilité de révéler au public les égarements qui mettaient en cause les piliers de l'ordre. Les nécessités de la politique impliquaient de ne jamais franchir une mystérieuse frontière. À moins d'avoir du goût pour le martyre, il fallait ménager les intérêts du pouvoir et se cantonner aux abords de la vérité. Une leçon que l'avenir devait largement vérifier. Mais je retirai de cette affaire un profit d'une autre nature : intellectuel celui-là, car elle fut l'occasion d'une rencontre avec deux proches de Louis Joinet, l'initiateur du jeune Syndicat de la magistrature : François Colcombet et Étienne Ceccaldi.

Certes, on ne peut pas dire que les fruits ont tenu les promesses des fleurs. Il y a bien loin, hélas, des espoirs de réforme que nourrissaient ces magistrats idéalistes aux abjectes dénonciations sectaires du « mur des cons ». Ces jeunes magistrats, dont j'étais loin de partager toutes les idées, m'aidèrent néanmoins à replacer les affaires qu'ils traitaient – la corruption policière, le drame de la prostitution – dans un contexte sociologique et philosophique.

La prostitution m'apparut alors sous un jour totalement nouveau, hors de sa gangue moralisatrice et de la puissance de ses clichés. C'est cette révélation qui m'amena à accompagner plus tard les associations qui luttaient en faveur des prostituées, notamment l'association Jean-Scelles et Aux captifs la libération. Je préfaçai même un ouvrage, *Le Livre noir de la prostitution*, qui livre le terrible et effrayant constat d'un esclavage sur lequel nous préférons fermer pudiquement les yeux. Malheureusement, ces associations avec les meilleures intentions morales qui, hélas, peuvent avoir des conséquences désastreuses, s'engagèrent dans le calamiteux combat législatif visant à la condamnation des clients des prostituées. Rarement une idéologie moralisatrice qui ne visait qu'à assurer la bonne conscience de ses promoteurs aura à ce point desservi les malheureuses victimes qu'on voulait protéger. Ces bons apôtres, que n'ont-ils eu l'idée de gaspiller quelques-uns de leurs précieux instants dans le douillet confort du Sénat pour se transporter au bois de Boulogne, au bois de Vincennes, et y voir ces filles demi-nues, grelottantes, sous la menace de tant de prédateurs, et maintenant victimes des législateurs d'une loi inique ?

Je suis frappé, quand je repense aux discussions que j'avais avec ces jeunes magistrats, de voir à quel point les problèmes restent les mêmes. J'étais loin de partager les arrière-plans idéologiques de ce syndicat qui n'échappait pas à la politisation. Mais j'étais sensible à son effort d'apprécier le crime dans son rapport avec la société et non comme si celle-ci n'y avait aucune part. Mais touchant les magistrats, nous pressentions confusément le problème que soulèverait l'existence de l'École de la magistrature, relativement jeune puisqu'elle avait été créée en 1958 sur des bases très discutables. Celle-ci risquait, de la même manière que la création des campus, d'isoler les élèves, de les écarter de la vie pourtant si nécessaire quand on a la charge d'exercer une profession judiciaire. Avant elle, il existait de nombreuses passerelles entre la fonction d'avocat et celle de magistrat. Cette école a eu le grave inconvénient de créer une caste, à l'écart des réalités humaines des justiciables. Il est évidemment nécessaire de la réformer – mais qui l'osera ? – afin qu'avocats et juges cessent de s'opposer stérilement et soient issus d'une même matrice, même si par la suite leurs fonctions divergent. Car qu'est-ce que la justice sinon ce point de rencontre et d'équilibre entre le réquisitoire et la plaidoirie ?

Un autre objet de discussion, ô combien légitime, concernait cette fois les cours d'assises : la question de la suppression de ce qu'on appelle l'échevinage, c'est-à-dire la présence des magistrats pendant les délibérations du jury pour influer sur la qualification du crime et sur les circonstances atténuantes. Cet échevinage, concocté par le régime de Vichy, a eu pour but de retirer l'essentiel de son pouvoir de décision au jury populaire. Les réformateurs issus de la Résistance conscients de la mainmise des magistrats dans les décisions judiciaires furent impuissants à l'abolir devant la double pression des magistrats et du pouvoir politique, le juré étant considéré comme trop indépendant, ou peut-être trop libre. Pourtant si un décret ayant force de loi portait bien la marque de Vichy, c'est bien celui-là, en dépit des dénégations passionnées d'un haut magistrat, Maurice Patin, qui se mobilisa pour le mettre en œuvre. Tout à sa démonstration, l'éminent juriste passa pudiquement sous silence un détail intéressant, l'article 282 de la même ordonnance de 1941 : « Nul ne peut remplir les fonctions de juré s'il ne possède la nationalité française, comme étant né de père français, – s'il est juif –, s'il a été officier ou dignitaire d'une société secrète dissoute. » Éclairant !

Cette méfiance vis-à-vis des jurés populaires n'a fait que s'accroître et se systématiser avec la création des cours d'assises spéciales jugeant des affaires de terrorisme et des trafics de drogue, dans lesquelles on a décidé d'éliminer purement et simplement les jurés non professionnels au prétexte qu'on ne pouvait les protéger contre les menaces des accusés. Mais alors est-ce bien encore la justice « rendue au nom du peuple français » ? Il est vrai que le président de la cour d'assises de Paris, Xavier Versini, plaidant contre le projet d'appel des décisions des cours d'assises courageusement conçu par Jacques Toubon, craignait que l'on fît appel comme juré « à l'idiot du village », au « clochard » et plus largement « à tous ceux qui sont incapables de s'élever à la hauteur d'une idée générale ». N'est-ce pas apporter de l'eau au moulin de ceux qui disent que certains magistrats ont parfois un problème avec la démocratie ? Bien des affaires durant ces années ont contribué à nourrir ma réflexion : en dehors des erreurs judiciaires, je pourrais ajouter un chapitre sur l'aveuglement de certains juges qui ont préféré fermer les yeux sur les turpitudes du pouvoir au point de s'en rendre complices. Que d'opportuns « suicides », dans la droite ligne de l'élimination de l'escroc Alexandre Stavisky : celui de Georges Figon dans l'affaire Ben Barka, celui du pasteur Joseph Doucé, de René Lucet. Parmi ces prétendus « suicides », on atteint le sommet de l'abracadabrantesque avec l'affaire du juge Bernard Borrel, à Djibouti, dont le cadavre retrouvé est déclaré « brûlé par auto-aspersion d'essence » avant qu'une contre-expertise ne finisse par admettre, bien des années plus tard, qu'il s'agissait d'un assassinat pur et simple, maladroitement maquillé. Mais également avec le « suicide », dans une version tout aussi atrocement fantaisiste, du gendarme Christian Jambert, l'inlassable dénonciateur du scandale des disparues de l'Yonne, « suicidé » de deux balles dans la tête, la veille du procès qu'il avait ardemment réclamé, ce qui n'a pas troublé des juges manifestement peu férus en matière de balistique.

Que dire de la justice d'aujourd'hui devenue « la république des juges », devant lesquels les politiques, les parlementaires, qui font pourtant les lois, semblent trembler ? Que ne reprennent-ils courage en instituant des commissions d'enquête parlementaires dès qu'une décision judiciaire emblématique s'immisce dans les rouages démocratiques et les perturbe gravement ? Celles-ci pourraient révéler notamment les soubassements politiques de l'immixtion outrancière des juges dans les grands enjeux démocratiques. Ne serait-ce pas là le moyen de faire comprendre aux juges que la débauche de temps, de moyens, de personnel employés pour condamner les agissements prétendument suspects des dirigeants seraient mieux utilisés dans la recherche des terroristes ?

Parallèlement à ces juges, je me liais d'amitié avec un jeune avocat qui n'était pas loin de partager les vues des créateurs de ce jeune syndicat. En les radicalisant. Thierry Lévy était une personnalité tout en charme et en contradictions. Sous son apparence rigide d'Alceste, il dissimulait un cœur sensible. Ce séducteur était hérissé d'épines. Il pouvait être, en société, selon son humeur, aussi bien enjôleur qu'exécrable. Élégant, toujours sur son trente-et-un, ni sa tenue ni son langage n'étaient négligés. Il mettait même une sorte de coquetterie à être strict dans les formes, dissimulant sous ce maintien une profonde détestation de l'ordre social. Il exécrait la bourgeoisie dont il était pourtant un brillant rejeton. Cette aversion sociale frisait même le dégoût. Je regardais ce comportement avec plus de curiosité que d'agacement, car elle faisait partie de son idiosyncrasie atypique. Il n'était pas sans ressembler à Vergès par son ostentation de cynisme derrière laquelle il dissimulait une sensibilité à fleur de peau. Aussi bizarre que cela puisse paraître de la part d'un homme aussi ombrageux, notre désaccord sur sa radicalité n'entama jamais notre amitié.

Tandis que je l'écoutais plaider ma cause devant

les magistrats de la XVIIe chambre – tribunal irréel à force d'être réel –, que pleuvaient sur moi les sévères remontrances du président et les lazzis fielleux de Me Kiejman que la famille Marchal avait constitué comme partie civile, j'admirais la fougue et l'intelligence implacable avec laquelle il démontait les accusations de la partie adverse. Mais en surimpression, je revoyais le même homme dans les îles grecques, ami du soleil et des bains de mer, gourmet, hédoniste et amoureux de la vie. Comme si deux êtres coexistaient en lui : l'un porté à savourer tous les plaisirs, l'autre un rien masochiste, austère, janséniste, et se punissant de ses tentations tenues pour des dévergondages. Avec tout son talent, il ne parvint pas à convaincre les juges : ceux-ci me condamnèrent lourdement et, double peine, je fus viré de mon poste de directeur du *Figaro littéraire*.

Mes déboires journalistiques allaient se poursuivre, mais, c'est l'avantage de la passion, les petits désagréments que j'en tirais me semblèrent toujours des vétilles en comparaison de la richesse de l'expérience humaine que je retirais de ces reportages : ainsi je menai une enquête sur les incursions de la Guardia Civil en territoire français pour y cueillir en toute illégalité les terroristes basques de l'ETA. Ma dénonciation des directives secrètes du ministère de l'Intérieur, soupçonné de donner des informations à la police espagnole, n'améliora pas ma réputation de « gauchiste ». Même si j'avais eu la chance de trouver un puissant appui en la personne d'un courageux ancien ambassadeur en Roumanie, directeur de l'OFPRA, Louis Pons, qui, tout aussi « gauchiste » que moi, en cachette de son ministre, alimentait mes articles de révélations subversives.

Mais ce qui allait porter un coup fatal au couple heureux que je formais avec *Le Figaro* de cette époque, qui m'avait apporté tant de joies professionnelles, ce fut ma défense d'un inculpé poursuivi par les grandes compagnies pétrolières qui, voulant le mettre en faillite, l'accusait des turpitudes dont elles étaient elles-mêmes coupables. Cet Arménien, Roger Bodourian, qui avait l'opiniâtreté et l'intelligence de ce peuple intraitable, loin de se laisser égorger comme un mouton, avait saisi la Commission des ententes et des positions dominantes, dénonçant les manœuvres des compagnies pétrolières qui l'avait grugé et avec lui nombre de victimes, en se liguant dans de condamnables ententes. Il y avait de ma part une certaine folie, si légitime que soit la défense d'un innocent, à m'attaquer aux Seven Sisters. Le président de la Commission des ententes, Guy Verdeil, me laissa entendre paternellement mais clairement que, si cette cause était juste, je manquais singulièrement de carrure pour l'affronter sans de grands risques pour ma carrière. Oracle ô combien sage ! Réconforté dans mon combat par la présence du juge d'instruction, Étienne Ceccaldi, que j'avais connu lors de l'affaire des proxénètes de Lyon, je décidai de ne pas lâcher prise. Le juge Ceccaldi, qui n'avait pas non plus cédé aux objurgations de sa hiérarchie, fut « hazebroucké », muté loin du soleil de Marseille. Trois ans plus tard, après mille tracasseries, avec la seule satisfaction de voir ma cause entendue puisque les compagnies pétrolières furent condamnées, journaliste désormais pestiféré, ayant réussi à susciter l'exaspération de Raymond Aron et la rare mauvaise humeur de Jean d'Ormesson pour mon entêtement de « gauchiste », j'étais contraint de donner ma démission du *Figaro*. Je le quittai avec tristesse. Je devais à cet auguste journal trop de reconnaissance pour les heureux moments qu'il m'avait procurés pour éprouver la moindre rancune. C'était simplement une histoire d'amour qui avait mal tourné. Si une sorcière de *Macbeth* m'avait prédit que, dix ans plus tard, je serais rappelé par ce même journal pour y prendre la direction du *Figaro littéraire*, j'aurais souri de cette prophétie hasardeuse. C'est pourtant ce qui arriva. Comme si un facétieux Dibbouk se plaisait à bousculer dans nos vies l'ordre raisonnable des choses.

Cette expérience passionnante aurait pu m'éloigner des affaires de justice où je m'étais brûlé les ailes. Je m'en gardais en effet pendant de longues années. Mais il était dit que mon destin en avait décidé autrement. Et personne ne résiste à ses décrets.

III

Au cœur de mon cyclotron littéraire

J'avais quatorze ans. J'étais déjà la proie d'un délicieux virus dont l'origine était mystérieuse et qui me paraît aujourd'hui aussi naturel que de respirer. La littérature était ma seule lumière dans un désastre qui me semblait incurable. Elle me procurait un théâtre d'illusions, les ivresses du dépaysement, l'oubli de mes cruelles incapacités scolaires. Peut-être aussi était-elle la seule forme d'espérance, avec l'amour, dont je pressentais le pouvoir magique et auquel j'avais hâte de me vouer. Je lisais *Le Rouge et le Noir*, mais lire est un vocable bien faible, je m'y adonnais avec une ferveur religieuse. Il me semblait contenir tout ce dont j'avais besoin et être le bréviaire qui conduirait ma vie. À l'image de ce *Mémorial de Sainte-Hélène*, dont Julien Sorel tirait des préceptes de comportement, le feu que je tirais de ce roman qui m'incendiait, je brûlais de le partager avec une âme d'élite. Mes camarades de classe, si supérieurs à moi qu'ils fussent par leurs notes, étaient de petits percherons sympathiques, mais aucun ne paraissait digne de respirer à la hauteur de ce sommet.

La seule personne qui se montrât apte à me comprendre, et même à m'éclairer, était le directeur du collège, également mon professeur de français. Celui-ci sentant en moi des dispositions littéraires, si peu habituelles parmi ses élèves, m'accordait un régime de faveur que rien, sinon cette passion, ne justifiait. Cette position de chouchou, si conscient que je fusse de mes carences, me semblait légitime en raison de ce culte que nous partagions. Ce professeur m'adressait des compliments immérités, me gardait après son cours, conseillait mes lectures. Que de débats passionnés nous eûmes sur *La Chartreuse de Parme* ! Cette dilection qu'il me manifestait accroissait encore, si c'était possible, ma passion pour la lecture : j'avais l'impression d'appartenir à une chevalerie dédiée à un culte sacré.

Je m'élevais au-dessus de mes camarades dans un monde qui leur était inaccessible. Loin d'être adulte, j'avais franchi la barrière qui me séparait d'eux. J'éprouvais la griserie d'être différent, et supérieur dans cette sphère, sans l'avoir voulu, par la simple magie de cette inclination secrète.

Cette complicité entre un adulte et un adolescent comportait un risque. La passion du professeur s'exalta au point de se muer en passion amoureuse. Chez un être aussi raffiné et torturé que l'était ce professeur, ce penchant ne pouvait qu'avoir des conséquences dramatiques. Elle m'entraîna dans une situation des plus biscornues. Prenant prétexte d'un devoir que j'avais tardé à lui remettre, il m'invita chez lui. Je sonnai, il ne m'ouvrit pas. Pris sans doute de scrupules. Mais trois jours plus tard, il réunit un conseil de classe avec les autorités du collège devant lequel je fus convoqué. Là, il décréta mon renvoi pour un motif qui aujourd'hui paraîtrait bien moyenâgeux : mon homosexualité. Tout cela provoqua un petit scandale, d'où il ressortit après l'expertise des psychiatres de l'institut Claparède que ce chef d'accusation était inepte. Vraisemblablement, le professeur, pris dans d'insolubles contradictions, ne m'avait exclu du collège que pour me protéger de pulsions qu'il ne parvenait plus à maîtriser. Il se suicida trois ans plus tard.

La tragédie intime de ce professeur qui m'avait si passionnément accompagné dans mon exploration de la littérature bouleversa la conception que je me faisais du monde des adultes et de la justice qui y régnait. Cet épisode certes m'attrista, mais il me parut réunir aussi tout ce qui me passionnait dans un roman : la confusion des sentiments, l'amour interdit, le sacrifice, le suicide. J'y pensais avec tant d'insistance que ce fut tout naturellement le thème de mon premier roman, *La Fuite en Pologne*. J'en donnai ensuite une version moins romanesque dans un autre de mes livres. Mais ce qui, au-delà du contexte sentimental et psychologique de ce drame, me turlupinait, c'était la mise en scène quasi judiciaire d'une faute que je n'avais pas commise, pour laquelle j'étais condamné par celui-là même qui était le coupable.

Cela m'ouvrit les yeux bien au-delà de mon cas sur ce qui reste une des plus mystérieuses ambiguïtés de la justice et dont seule la littérature rend compte. La part de responsabilité de la société dans le crime. Bien sûr, *Crime et Châtiment* illustrait magnifiquement cette thèse apparue avec les premiers essais de sociologie criminelle de Lombroso visant à atténuer la responsabilité de certains coupables, en insinuant que la société n'était pas étrangère à leurs crimes. Que son insolente injustice sociale avait armé leurs bras. Déjà, Balzac avec Vautrin s'était penché sur l'humanité des criminels, leur faculté de rédemption sociale. Déjà, Victor Hugo dans *Les Misérables* avait montré avec Jean Valjean le chemin sinueux qui mène de la misère au crime. Mais sur ce point, le roman le plus dérangeant et le plus riche dans ses aperçus humains et philosophiques est certainement *Résurrection* de Tolstoï.

À travers la destinée de Katioucha Maslova, la ravissante petite gouvernante « aux yeux de cassis mouillé », séduite par de fausses promesses par le prince Nekhlioudov, le neveu de la barynia qu'elle sert avec dévouement, Tolstoï nous décrit les étapes d'une inexorable déchéance. La Maslova est bien sûr congédiée en raison de sa liaison et se retrouve sur le pavé. Dupée à nouveau par les illusions trompeuses de la prostitution, mirage de tant de femmes pauvres et désemparées, où l'entraîne un nouveau séducteur, elle va dans les bas-fonds qu'elle côtoie, jusqu'à devenir la complice innocente d'un crime. Et en conséquence jugée solennellement par les tenants d'un ordre social qui sont à mille lieues de se sentir responsable de sa déchéance. À l'exception du neveu de la barynia qui, ironie du sort, fait partie du jury criminel. Peu à peu, cet homme imbu de ses prérogatives aristocratiques, sûr de son bon droit, prend conscience qu'il n'a été que la marionnette aveugle d'un ordre social où, selon Tolstoï, l'injustice est la règle.

Ce que Tolstoï veut démontrer – le nouveau Tolstoï converti à la dénonciation sociale, qui n'est plus sensible aux robes de Natacha, aux fêtes somptueuses du prince André dans des palais où éclate un luxe insolent –, c'est qu'en réalité les juges ne sont pas là pour ce que le bon peuple imagine : rendre la justice, mais pour protéger un ordre social dominé par une caste. L'appareil judiciaire n'est qu'un instrument qui se sert de toutes les complicités, y compris la religion, pour enfermer les malheureux justiciables dans une illusion. La religion est loin d'être épargnée : Tolstoï accuse ses ministres d'avoir trahi les Évangiles, d'avoir préféré des avantages matériels obtenus grâce à leur complicité avec les exploiteurs. Certains critiques, notamment Louis Pauwels, ne reconnaissent pas dans ce Tolstoï-là, ainsi que dans ses théories sociales avancées, la turlutaine du dépouillement absolu qui affolait l'épouse et la famille de l'enchanteur d'*Anna Karénine*. Je n'y vois, moi, que le long approfondissement d'une réflexion dont l'écrivain tire les conséquences, certes peu nuancées, et même carrément radicales. Mais le rôle d'un écrivain – on pourrait dire la même chose des excès de Rousseau –, n'est-il pas d'aller jusqu'aux ultimes conséquences ? Qu'il dérange certes, mais n'est-ce pas le propre de la littérature d'accompagner ses enchantements d'une remise en cause, plus ou moins drastique, de notre confort intellectuel ? Déjà *Anna Karénine* ne contenait-il pas une dénonciation du mariage et de sa morale victorienne, tout comme *Le Diable* ou *La Sonate à Kreutzer* ? Quant à *Maître et Serviteur*, sous la fiction, l'auteur montrait clairement une dénonciation de l'exploitation des paysans par le servage.

Manon Lescaut et le chevalier des Grieux illustraient cette opposition de nature entre la société et la passion amoureuse, qui allait être le cliché des fictions romantiques. Ce que montre la littérature, c'est qu'avant de parvenir devant un tribunal, la société a déjà jugé ceux qu'elle veut perdre. Les mœurs préparent le terrain d'une condamnation. On le voit dans le destin de la malheureuse Boule de Suif, dont l'honnêteté ne va pas résister aux intérêts immédiats de la bourgeoisie rouennaise : elle est sacrifiée pour préserver le confort d'une caste qui a déjà condamné moralement la courtisane. Maupassant défend comme Tolstoï les prostituées, qu'il considère comme les victimes expiatoires de l'hypocrisie de la société. Lui aussi ne cesse de vouloir nous ouvrir les yeux sur cette injustice tranquille, que la bonne conscience nous dissimule.

Les exemples ne manquent pas de ces romans de moralistes qui tentent de réveiller la société assoupie dans ses préjugés. D'où vient que certains écrivains franchissent le pas et prennent autant de risques pour affronter le système judiciaire ? Et prennent même le risque d'être des martyrs ? Voltaire est l'exemple même de l'écrivain le moins révolutionnaire qui soit, mais qui, mû par le ressort d'une inlassable compassion, se met au service de la réparation des injustices. Quelle énergie il met au service de Calas, de Sirven, du chevalier de la Barre et de tant d'autres inconnus, y compris les victimes de la torture, cette fameuse « question », dénoncée dans un texte célèbre qui contribuera à faire abolir cette pratique barbare par Louis XVI ! Balzac, prenant en vain la défense de son ami le notaire Peytel, et Zola, bien sûr, le plus fameux, prenant fait et cause dans la défense de Dreyfus, qui amènera sa condamnation et son exil. Gide, l'hédoniste, l'égotiste, partant, lui, en guerre contre les exactions qui font du Congo une terre d'esclavage et de terreur. Mauriac, lui non plus, n'hésite pas à engager sa plume dans un courageux combat contre la torture en Algérie. Si je donne tous ces exemples en en oubliant bien d'autres, c'est pour montrer ce lien qui, particulièrement en France, réunit les écrivains contre l'injustice. Ils font en quelque sorte office de cour d'appel. Mais ce qui frappe, c'est moins l'utilité de leur combat pour les innocents qu'ils défendent, si rarement bénéficiaires de leur action, que ce qu'elle apporte comme témoignage de leur humanité.

Cette humanité inséparable de la forme la plus élevée de la littérature.

IV

Cette présence au-delà de la justice

C'est un paysage couvert de neige. Il fait un froid glacial dans ce matin de janvier. Les arbres dépouillés accroissent encore son caractère lugubre. Je ne connais pas de lieu plus pathétique en matière de justice que la clairière du Mont-Valérien. Autrefois siège d'une abbaye ou l'on enterrait les moines dans le cimetière de Notre-Dame-des-Sept-Douleurs, tout semble conduire à la chapelle. Ouverte à tous vents, petite, étroite, presque minuscule si on la mesure à l'immensité du drame qu'elle contient, elle veille sur un mystère. C'est dans ce lieu que des camions bâchés déversaient, au lever du jour, leur contingent de jeunes hommes à abattre. Ces camions franchissaient la porte du fort et grimpaient la côte avec un bruit de changement de vitesse et des à-coups qui faisaient crisser les pneus, comme si les chauffeurs allemands étaient pressés de se délivrer de leur insupportable fardeau. C'est devant cette chapelle désaffectée qu'on les fait descendre des camions qui les ont transportés, assis sur leurs cercueils, une caisse rectangulaire en bois blanc. Là, on leur accorde de se recueillir avant leur exécution. Deux fenêtres protégées par des barreaux font pénétrer le jour qui se lève : les faubourgs de Suresnes et, au loin, la forêt de Saint-Cloud, sortent de la nuit. L'abbé Franz Stock est là, et sa présence est irréelle. Comment comprendre un tel symbole vivant d'humanité dans cette liturgie si uniformément brutale et impitoyable ? Pendant trois années, il va tenter l'impossible : faire briller une mince lueur d'espérance.

Quel sens peut avoir la confession qu'il leur accorde ? Que peuvent avoir à se reprocher ces jeunes gens, dont beaucoup n'ont que vingt ans et certains, comme les lycéens de Buffon, tout juste quinze ? De quels péchés peut-elle se nourrir ? Et quel remède donner à leur désespoir ? Car tous, tant s'en faut, ne sont pas, comme le commandant d'Estienne d'Orves, soutenu par l'orgueil de la tradition militaire et une foi chrétienne que le doute n'ébranle pas. À combien d'athées, d'agnostiques, l'abbé Stock doit-il essayer de donner un espoir ? Quel salut espèrent-ils ? Même si l'idée d'une vie éternelle ne les illusionne pas, comme ils voudraient y croire… Tout plutôt que de n'avoir devant soi comme avenir que le néant, l'absurde néant, les espaces glacés du non-être. L'abbé Stock parvient-il à provoquer en eux pour un instant cette étincelle qui est la grâce ? Et ce sacrifice, quel sens a-t-il pour tous ceux qui se sont engagés dans la Résistance sur un coup de tête, par bravade, par jeu, par provocation, inconscients de ses conséquences, et qui s'éveillent peu à peu de leur rêve d'enfant ? Beaucoup doivent être tentés, dans cet instant de vérité, d'abjurer l'idéal pour lequel ils sont censés mourir : quelle patrie mérite qu'on lui sacrifie cette patrie intime, douce, maternelle et consolatrice qu'est notre vie ?

Ce que ressentent ces jeunes gens voués à la mort, ce n'est peut-être pas l'injustice des tribunaux allemands, car ceux-ci, en dépit de leurs accusations de terrorisme, les ont condamnés comme des adversaires, non comme des criminels. Ce qui explique qu'ils seront fusillés, non pendus. Une nuance symbolique que ne retiendront pas les Alliés à Nuremberg, ni les Américains envers les hauts dignitaires militaires japonais, au grand dam du général MacArthur. Ce qu'ils éprouvent tient à une injustice d'une autre nature, celle d'une coexistence impossible entre l'idéal et l'ordre de la vie. Et c'est la leçon que donne l'abbé Franz Stock : il hisse la chapelle du Mont-Valérien à une dimension qui bouleverse nos notions de justice, abolissant le scandale des tribunaux d'exception, et toutes les formes d'injustice. Cette chapelle hantée élève à une aspiration supérieure, celle que seule accorde la prière.

La prière est l'acte le plus irraisonné, le plus spirituel qui soit puisqu'elle traverse le désespoir devant l'injustice humaine pour accéder à une vie supérieure, le domaine de l'âme. Et cette âme dont l'abbé Stock est l'intercesseur, il ne faut pas croire qu'elle soit le propre des condamnés. Elle émane à cet instant de toute cette communauté du malheur : pas seulement celle des hommes qui vont mourir, mais de leurs bourreaux. Comme ceux-ci donneraient cher pour se soustraire à cette besogne indigne : car il ne s'agit plus de tuer un homme dans le feu et la passion du combat, mais de l'exécuter froidement. Parmi les officiers, il y a des pères qui songent à leurs fils, à leurs jeunes frères. Et parmi les soldats du peloton d'exécution dont le mousqueton pèse déjà d'un poids si lourd sur leurs épaules, quel sentiment d'effroi et de honte les étreint devant le sort de ces jeunes hommes dont ils ont l'atroce devoir de voler la vie ? Le lien qui unit alors cette misérable communauté humaine dépasse l'ordre social qui n'est plus de mise, car personne ne remet en cause les lois qui les ont conduits dans cette clairière qui va résonner de tant de détonations.

Ces condamnés, quelles sont leurs pensées au moment de s'unir dans un Notre Père qui résonne sous les voûtes glacées de la chapelle ? Au-delà de leurs proches qu'ils quittent, de leur mère qu'ils invoquent, comme si au moment de quitter la vie, ils voulaient adresser un dernier message à celle qui la leur a donnée, ce sont leurs frères dans le martyre qu'ils implorent de leur accorder plus qu'un sursaut de courage : un sens à l'injustice qui les accable. Et tous se présentent à cet appel des morts. C'est la véritable communion des saints qui, par-delà la mort et les siècles passés, unit les morts aux vivants : Jeanne d'Arc vouée aux flammes de l'injustice pour l'éternité, Giordano Bruno, la langue clouée sur un mors en bois pour qu'il ne puisse dénoncer ses juges, Calas, les os broyés par l'estrapade, le chevalier de la Barre horriblement mutilé pour un blasphème, les jeunes sergents de La Rochelle, tous quatre envoyés à la guillotine par des juges pour les punir de leur bonapartisme…

Tous ces hommes et ces femmes, dont la postérité a reconnu l'innocence, combien sont-ils ainsi à n'avoir eu d'autre salut qu'au pied de la Croix ? C'est pourquoi le Christ est unique, qu'il dépasse même en signification la religion qui se réclame de lui. Il tire sa force d'éternité de tous ceux qui l'ont imploré. Et si certains discutent stérilement des épisodes de son histoire, personne ne peut nier l'extraordinaire, la fabuleuse vérité de ceux qui se sont reconnus en lui. En lui se réunissent et s'éclairent la cause et les souffrances des victimes dont on n'entendra jamais les appels. Dans leur nuit, ils continuent de clamer leur reconnaissance à cette seule source d'espérance.

En face de l'élan paisible d'élévation et de résignation de la prière, le suicide apparaît dans toute la violence de sa révolte. Un saut dans le non-être. Pour se tuer mais aussi tuer le monde que ce geste abolit. Drieu la Rochelle prend prétexte d'une possible arrestation par les résistants vainqueurs pour échapper à lui-même et à une société où cet amant de l'absolu peinait à trouver sa place. Prévost-Paradol, le docteur de Martel, René Crevel, Hemingway, Montherlant, Romain Gary, chacun pour une raison différente, suivent le même chemin. Ils se soustraient avec une rage tragique à l'incomplétude de leur destin. Ils n'ont pas eu accès à la prière. L'absence de la ressource du spirituel les condamne au néant. Et Pierre Laval qui, lui, était certainement coupable, si tant est qu'un procès politique puisse être juste. Même si Léon Blum jugeait son procès inique. Même si Simone Weil disait : « La justice, cette fugitive du camp des vainqueurs. » Condamné à mort, refusant avec orgueil tout pourvoi pour obtenir sa grâce auprès de De Gaulle, voyant au moment ultime qu'après avoir rusé toute sa vie, il ne peut plus ruser avec la mort, Laval avale une ampoule de cyanure le matin même de son exécution. Faut-il qu'il y ait eu des hommes comme le procureur général Mornet qui, sentant que les forces de l'ombre allaient leur ravir leur proie, aient eu le cœur de lui faire administrer un lavage d'estomac ! Quelle excuse ont-ils trouvée, dans le ciel où ils se sont rejoints un jour, de n'avoir ramené à la vie leur victime que pour avoir la satisfaction de la voir fusillée les yeux ouverts ?

V

Requiem pour un SDF de Roissy

Parmi les pathétiques héros de Marcel Aymé, il en est un qui s'appelle Abdel Martin. C'est un de ces damnés de la terre qui habite une rue sans joie, justement baptisée « Impasse de l'Espérance », dans un quartier suburbain si déshérité, nous dit l'auteur, qu' « on se prend à espérer que la vie ne soit pas démesurément longue ». C'est une sorte de SDF, un clochard, logé dans un taudis. Nous ne savons rien de son passé sinon par une allusion subliminale qu'il est vêtu d'une vieille capote militaire en loques. Oui, il a dû servir la France, mais celle-ci l'a oublié. Ses états de service ne suscitent en sa faveur ni reconnaissance ni compassion puisque la principale distraction du bistrotier du coin est de lui faire boire du vinaigre pour amuser la galerie. Un miracle se produit pourtant – toujours le même, l'amour ; la patronne du bistrot, abonnée aux romans-photos, soudain éprise d'exotisme, s'amourache de ce pauvre bougre qui suscite en elle des rêves d'oasis sahariennes. Tout cela finira mal. Quand on est en proie à la fatalité de la misère, les choses finissent rarement bien.

J'ai souvent pensé à cet Abdel Martin. Récemment encore à propos du sort tragique d'un SDF martiniquais, qui survivait à l'aide de petits expédients dans l'aéroport de Roissy. Il a été abattu par les forces de l'ordre qui ont prétendu qu'il les menaçait d'un couteau. Couteau contre quatre fusils-mitrailleurs, on pourrait imaginer que, dans un pays de haute civilisation, *a fortiori* patrie des droits de l'homme, il y a d'autres solutions que la peine de mort, que l'on a abolie en grande pompe. La riposte est-elle proportionnée ? N'apprend-on pas les arts martiaux dans la police et le close-combat ? Ne peut-on pas viser les jambes ? Mais qui faut-il incriminer ? Les forces de l'ordre qui ont parfois la gâchette facile ? La formation hâtive qu'elles ont reçue ou auraient dû recevoir ? Les multiples outrages contre la police qui affronte tant de missions dangereuses et même mortelles ? Ou plus globalement le climat d'insécurité qui touche aussi bien le public que ceux qui sont chargés de le protéger ? Psychose des attentats islamistes bien réels qui créent un climat d'angoisse ? Tout cela entre en ligne de compte et nous dissuade d'avoir une opinion tranchée. Aussi je me garderai bien de jouer les justiciers dans une affaire à propos de laquelle je n'ai que des informations partielles. Et ce n'est d'ailleurs pas mon propos.

Reste ce SDF martiniquais qui indisposait les agents de sécurité de Roissy et qui est mort. Ce qui me paraît grave à propos de ce drame, c'est une forme de victoire des terroristes islamistes : leurs attentats ont créé un tel climat que la vie humaine, le droit ont de moins en moins d'importance. La sécurité justifie tout. Et les premiers à en pâtir, ce sont les plus faibles. Mais ce qui me bouleverse, je l'avoue, à travers ce fait divers comme il y en a tant, et comme il y en aura beaucoup encore, c'est la difficulté pour un marginal de survivre dans une société de plus en plus formatée, sous la tyrannie des réglementations, le despotisme des obligations civiles. Ce SDF qui apparaît comme un avatar du clochard d'autrefois, à ceci près que le plus souvent il n'a pas choisi de se mettre en marge de la société, c'est moins un marginal en révolte ou en pétard contre l'ordre social qu'une victime économique qui voit chaque jour son décrochage s'accentuer. Et ce décrochage, quand on y pense, quel abîme ! Comment, par quelle bizarrerie tragique de la destinée franchit-on cette frontière séparant deux mondes qui coexistent sans vraiment se voir : celui où l'on a chaud quand il fait froid, où l'on fête Noël en famille, où l'on part chaque année en vacances avec ses enfants ; et cet autre monde où rien ne vous protège du froid, où l'on cherche sa pitance le soir dans les poubelles et où l'on voit son corps sans hygiène se dégrader comme ses loques ? Comment en sont-ils arrivés à ce point de dévalorisation pour accepter une telle déchéance ? Car c'est là la clé de leur pitoyable drame : la perte de ce minimum d'estime de soi-même qui maintient, quoi qu'il arrive, à la surface de la vie sociale et évite ce fatal décrochage.

D'où vient que, devant le destin tragique de ce malheureux SDF martiniquais, je me sente coupable ? Coupable aussi d'affronter le regard plein de honte de ses congénères qui fouillent le soir dans les poubelles ? Quelle Parque a tissé le fil de destinées si déshéritées ? Quelle autre Parque bienveillante m'a épargné ? Car il ne s'agit pas là d'injustice de classe, d'opposition entre riches et pauvres, mais de cette mystérieuse élection entre ceux qui restent à flot tant bien que mal et ceux qui, touchés à la racine de leur dignité, sombrent corps et biens.

À ce « peuple de l'abîme », pour reprendre le titre d'un livre de Jack London, il faudrait ajouter le sort des prostituées. Elles aussi sont l'objet d'une malédiction, d'autant plus cruelle qu'elle est invisible à l'œil nu. Il y a autour d'elles une aura de galanterie, de gauloiserie, de stupre qui, les enveloppant dans un nuage rose, dissuade de voir en face l'horreur de leur situation. Elles aussi ont perdu leur dignité, ou plutôt les proxénètes ont délibérément broyé la dignité qui les maintenait au bord de cet abîme dont elles reviennent si rarement. Ce continent noir à nos portes, il faut admettre que nous ne voulons pas le voir. Il remettrait en cause ce minimum de confort moral dont nous avons besoin pour ne pas désespérer de la vie. La négation de ces malheurs est la condition de notre survie. Car ne nous y trompons pas : l'angoisse du décrochage est tapie dans l'ombre en chacun de nous. Et si nous nous réfugions dans la quête de tant d'avantages sociaux qui nous ancrent dans notre condition d'heureux du monde, c'est aussi pour fuir la hantise de cette chute fatale, que nous rappelle sans ménagement, dans son atroce crudité, le SDF martiniquais de Roissy.

Marcel Aymé et son pitoyable héros, Abdel Martin, réussissent le miracle de nous permettre d'accéder à ce versant noir de l'horreur de la vie sans pour autant, miracle de la littérature, nous désespérer. Cette fiction donne un sens à un malheur qui sans elle nous enfermerait dans l'absurde et le désespoir. Face à l'injustice du monde sous toutes ses formes, dans tous ses avatars, il semble que les écrivains ne soient là que pour réparer l'irréparable, donner, du plus au moins coupable des hommes, les circonstances atténuantes qu'il mérite.

VI

Cette faim que rien n'apaise

J'ai découvert la littérature, dans ma prime adolescence, en écoutant à la radio avec ma mère une émission appelée « Rendez-vous à cinq heures » de Pierre Divoire. Une grande actrice d'origine russe, Nathalie Nerval, sociétaire de la Comédie-Française, douée d'une voix chaude, lointaine et mystérieuse, reprenait la lecture d'un roman interrompu la veille. La magie nous enveloppait, ma mère et moi : plus rien ne comptait que cette voix et l'histoire qu'elle nous lisait avec autant de conviction que s'il se fût agi de sa propre histoire. Plus rien n'existait : ni le petit appartement étriqué et mochard où nous vivions, ni la fenêtre donnant sur une cour sinistre d'où montaient le soir les effluves aigrelets de l'arrière-cuisine d'un restaurant chinois. Ni cette vie à laquelle ma mère se résignait en souriant et qui n'avait tenu aucune des promesses d'un cœur pourtant modeste. Comme le temps passait vite !

Trop vite dans ce séjour indiscret de la vie des autres : de leurs amours, de leurs illusions, de leurs rêves d'être riches, beaux et célèbres. Soudain la voix de Nathalie Nerval s'évanouissait. Elle donnait rendez-vous pour le lendemain. Ma mère et moi demeurions silencieux. La magie survivait. Elle nous enveloppait. Une part de nous-mêmes restait à Aberdeen, à Torquay, avec les pauvres jeunes filles idéalistes exilées du bonheur. Ma mère ne faisait pas de commentaire. Pas de morale. Ce n'était pas son genre. Nous n'avions pas besoin de nous parler pour nous comprendre. Et nous trouvions délicieux de nous rejoindre, au-dessus de nous-mêmes, dans un monde, sinon idéal, du moins pas médiocre, ce qui n'était, hélas, pas le cas du nôtre.

Ce que j'aimais dans ces histoires, c'était d'être emporté ailleurs par une voix en compagnie de ma mère. Aussi je ne me souviens d'aucun personnage ni d'aucun titre de ces romans que Nathalie Nerval avait l'art de faire revivre de sa voix suave. Sinon de cette ambiance particulière aux œuvres anglo-saxonnes. La seule héroïne, c'était elle, cette voix. De cette époque, les livres, les romans surtout, devinrent mes compagnons d'infortune. Ils apportaient à mon adolescence tourmentée les lumières d'une vie idéale. Ce que je cherchais en eux, outre l'évasion par le rêve, c'était ce qu'on demande d'ordinaire aux cartomanciennes et aux voyants : me dire mon avenir. Me donner les recettes qui me permettraient de maîtriser ma vie, moi qui ne maîtrisais rien, que la plus petite amourette submergeait. D'une certaine façon, mes lectures étaient intéressées. Elles le sont restées. Je demandais aux livres : comment fait-on pour vivre, pour aimer, pour être heureux ? Je lançais des appels au secours à des contemporains, mais aussi à des jeunes gens des siècles passés dont les vingt ans n'avaient pas dû être très différents des miens. J'espérais voir plus clair dans le fatras de mes contradictions et dans cet épais brouillard qu'était ma vie. D'où cette orgie de romans dont le fil d'or était l'ambition. L'amour et l'ambition. Ce qui m'intéressait, me passionnait dans la littérature, c'était la vie. La vie dans son extraordinaire variété, la diversité et la perfection de ses talents. Moi qui, dans ma chambre de bonne du boulevard Montparnasse, me plaignais d'être privé de la fréquentation des grands esprits, je les avais soudain tous à ma disposition, accessibles à n'importe quelle heure du jour ou de la nuit. Mais cela n'a pas résolu pour autant l'autre question que je me posais : quelle était cette faim qui se dissimulait derrière mon appétit à lire des romans ? Qu'ils m'enchantent et me fassent rêver n'était pas une explication suffisante. Quel mystère y avait-il au-delà de la griserie qu'ils m'inspiraient ? Des phrases mélodieuses et belles avaient certes le pouvoir de me retenir, mais pas au point de justifier cette attraction passionnée. Qu'y avait-il de particulier et de difficilement explicable dans mon addiction à des fictions ? En quoi la littérature m'était-elle à ce point indispensable ? Et bien sûr, j'englobe avec moi tous les lecteurs. Pourquoi ce besoin insatiable de dévorer tant de livres, qui souvent nous comblent, sans pour autant nous rassasier, puisque, le livre lu, nous nous jetons sur d'autres romans ? Quelle mystérieuse quête du Graal, quelle aventure mystique semblable à la poursuite de la baleine blanche du capitaine Achab peut l'expliquer ? J'avoue que longtemps je ne me suis pas posé la question. Mais quel lecteur se la pose ? Pas plus que l'amoureux ne s'interroge sur l'origine de son amour. Pas plus que l'écrivain qui ne sait pas plus pourquoi il écrit et refuse de s'interroger sur les ténébreux soubassements de l'art qu'il exprime. De quoi est-il l'intercesseur ? De quel monde transmet-il le message ?

C'est l'implication des romanciers dans les affaires judiciaires, aussi bien que ma propre compulsion, qui m'ont amené à me poser cette question complexe. Si l'injustice telle qu'elle s'illustre, parfois de manière caricaturale, dans les décisions des tribunaux, me trouble, comme tout un chacun, ce n'est pas seulement par un mouvement de compassion, mais en raison de la croyance enracinée dans un ordre juste. L'espérance que chacun nourrit dans son cœur de voir le coupable puni et l'innocent acquitté. Et de voir ainsi le bien et le mal heureusement sanctionnés.

Mais cette satisfaction morale n'explique pas à elle seule que nous accordions tant de prix à la vérité qui se dégage des romans. Il s'agit de répondre à une exigence plus profonde qui n'est pas forcément consciente. Ceux-ci sont là pour réparer un sentiment d'injustice plus général qui englobe tout ce que nous sommes. Ainsi, ce qui indigne d'abord, réaction primaire, ce sont bien sûr les entorses faites aux lois. Mais ces lois elles-mêmes, quelle est leur légitimité ? Surtout quand les pouvoirs publics prennent la précaution de les subvertir en introduisant le Code de l'indigénat, par exemple. Pourtant un président de la République gardien de ces lois, François Mitterrand, provoquant un tollé, a pu parler de la « force injuste de la loi » à propos de la Nouvelle-Calédonie. Et certes, on pourrait reprendre ce propos dérangeant, subversif, à propos de toutes les formes de colonisation. Mais dans ce cas où s'arrêterait-on puisque quasiment tous les États sont issus d'une colonisation ? À commencer par notre propre colonisation gallo-romaine. Même si on est revenu sur cette conception de Marx, qui considérait le droit comme l'outil de la classe dirigeante pour maintenir son pouvoir sur les gouvernés, surtout depuis que cet autre droit a constitué l'ordre soviétique, elle donne matière à réflexion. D'autant plus que le communisme, lui, a incarné l'ordre social dans son caractère le plus absolu, le plus exacerbé dans l'arbitraire, puisqu'il n'a pu se maintenir qu'en systématisant les procédures inquisitoriales sans pouvoir apporter d'autre réponse aux aspirations légitimes de l'esprit que le goulag.

Mais que l'on juge la loi juste ou injuste, celle-ci impose un ordre qui ne va jamais sans mécontentement, et des sentiments de spoliation, de frustration, d'injustice de toutes sortes. Quoi qu'il nous en coûte, il faut nous soumettre à l'impitoyable « servitude volontaire » dénoncée par La Boétie. L'obéissance se paie d'un lourd tribut. Et cet ordre juste ou admis comme tel, d'où vient-il ? D'un vainqueur. Mais ce vainqueur, d'où tient-il sa légitimité ? D'une mystérieuse ordalie, de la force d'une bataille gagnée, comme Octave victorieux d'Antoine à la bataille d'Actium ou comme Clovis remportant, avec l'aide de Dieu, la victoire de Tolbiac sur les Alamans. D'où l'ordre chrétien qui s'installe, d'où les lois qui assoient le nouvel ordre des choses qui, en cas de défaite, eût été tout autre. L'arianisme eût imposé une autre conception du monde.

Pour m'en tenir à l'époque moderne, j'ai toujours éprouvé un malaise devant la bonne conscience des jurés du procès de Nuremberg. C'est un exemple qui me fait parfois douter de « l'ordre juste » né « d'une guerre juste ». Le nazisme vaincu, ses responsables sont jugés, mais il s'en est fallu de peu que les Allemands détiennent la bombe atomique, conçue par les savants juifs qui avaient trouvé refuge aux États-Unis en raison des lois raciales. Mais qui sont les juges ? Les Alliés. Et parmi ces Alliés : les Soviétiques, qui se sont rendus coupables notamment du massacre de Katyn, en 1940, où près de vingt mille officiers polonais ont été exécutés d'une balle dans la nuque par les services du NKVD.

Dans le journal collaborationniste *Je suis partout*, l'écrivain Robert Brasillach publia un reportage le 9 juillet 1943 : « J'ai vu les fosses de Katyn », que les communistes, soucieux de maintenir à la Libération la fiction d'un massacre par les nazis, n'avaient certainement pas oublié. Il n'est pas impossible que les multiples pressions qu'ils ont exercées alors aient pesé sur le refus de la grâce de l'écrivain – devenu un témoin gênant – par le général de Gaulle. Un refus difficilement explicable autrement. Il faudra attendre 1991 pour que Gorbatchev admette que ces crimes constamment niés par les communistes français et par Claude Lanzmann ont été perpétrés par le NKVD sur ordre de Staline.

Seul le général Sikorski, président du gouvernement polonais en exil à Londres, s'insurgera. Mais les responsables du gouvernement anglais y mettront bon ordre : pour éviter une rupture de la coalition, ils le feront disparaître à Gibraltar dans un accident d'avion préparé par Philby, l'espion anglais retourné par les Soviétiques. Si les Alliés avaient été vaincus, n'y aurait-il pas eu un Nuremberg, qu'on attend toujours, pour juger les crimes du stalinisme qui rivalisent dans l'horreur avec ceux d'Hitler ? Dans ces conditions, comment ne pas douter de la légitimité de ceux qui prétendent incarner l'ordre juste ? Comment cela n'introduirait-il pas une suspicion générale sur le fondement même de la justice érigée sur une victoire aléatoire ? Mais n'en dirait-on pas autant de tous les tribunaux d'exception : justice politique, justice militaire, justice coloniale qui n'ont de la justice que le nom ? Comment pourraient-ils s'abstraire d'un contexte qui leur dicte d'avance les jugements ?

L'exemple d'Antigone, devenue le symbole de l'injustice, révèle la variation de nos conceptions sur la justice. Hegel a montré dans un texte fameux qu'en réalité Créon, dont on vitupère la décision tyrannique, défend la société nouvelle, l'État, contre les prérogatives léonines des familles aristocratiques qui refusent de se soumettre à la loi commune. Antigone est donc davantage la victime de son entêtement à vouloir conserver ses privilèges au détriment de la loi collective que de ce qu'elle considère comme une décision arbitraire et despotique.

Cette loi sociale, née de cet « ordre juste » si difficile à définir, qu'est-ce qui prouve qu'elle ne soit pas elle-même par essence toujours contestable ? Ainsi que toutes les obligations, les devoirs qu'elle entraîne, ses contraintes, sa rigidité, les vieilles traditions qu'elle blesse ou éradique, les coutumes ancestrales devenues interdites, les superstitions millénaires prohibées, les mœurs qu'on modèle par la force, les totems et les tabous qu'on change. Comment tout cela, qui n'est rien d'autre que l'édification de l'État moderne constitué sur une bureaucratisation ubuesque de contraintes et de réglementations, n'ouvrirait-il pas la porte à une frustration accompagnée d'un sentiment de révolte ?

Je comprends qu'une part essentielle de l'individu n'y trouve pas son compte. Je partage son humiliation devant la perte de ce qui constituait sa culture personnelle. L'artificialisation des sols, l'artificialisation de la vie nous envahissent à tel point que le spectacle d'une vache suisse broutant paisiblement dans son alpage – fût-ce au prix de mille subventions – nous remplit d'un bonheur nostalgique. À notre manière, nous sommes tous des Indiens d'Amérique colonisés par une modernisation impitoyable qui éradique non seulement ce qui constituait notre milieu naturel, mais nos habitudes. Comment adhérer totalement à une société dont le but tend à effacer notre originalité pour nous faire entrer dans un moule ? Nous devons ravaler notre frustration et accepter notre sort de victime spoliée et incomprise. Comment en serait-il autrement puisque la loi sociale est là pour unifier, en rabotant en chacun de nous ce qui le distingue et le rend différent des autres ?

C'est ce processus inéluctable de dépersonnalisation de notre cadre de vie que dénonçait déjà Stefan Zweig en 1925 dans un fameux texte sur la « monotonisation du monde », phénomène planétaire dû à la tyrannie consumériste américaine qui, après avoir modelé nos mœurs, risquait d'être une menace pour l'esprit, aplani, aseptisé, castré de toute originalité, laissant la place à « l'ennui américain » : c'est-à-dire au vide.

À cette dictature, il faudrait en ajouter une autre, dénoncée par Roger Scruton : la systématisation de la laideur. La laideur engendrée par les mégalopoles, les faux prétextes écologiques qui engendrent les éoliennes, la hideuse anarchie architecturale de tant de banlieues défigurées par les dérogations immobilières et les pots-de-vin, ces voies romaines plantées de platanes centenaires qu'on veut raser pour céder aux juteuses injonctions des compagnies autoroutières.

C'est ainsi que nous trouvons refuge dans la littérature : le seul asile qui puisse nous aider à affronter ce qui nous apparaît comme une dictature sociale, qu'elle touche à la politique ou à nos mœurs : une croyance dans un ordre inverse, tout différent, qui n'humilie pas nos vœux secrets, mais les respecte. C'est ce qui nous pousse à adhérer à travers elle à tout ce qui se rattache à cette liberté épousant la loi naturelle, et que nous pressentons au fond de nous-mêmes comme un bien inaliénable. N'est-ce pas la seule aspiration qui ne trahisse pas notre être profond ? Il y a là une source vive, consolatrice, mais aussi explosive, car elle contient les germes d'une révolte. Ce qui la rend subversive, suspecte à l'ordre social, qui y voit une forme d'insoumission. Et c'est à la littérature sous toutes ses formes, poésie, roman, tragédie, que nous demandons d'être la confidente et la complice de notre âme blessée.

Elle seule est assez indomptée pour transgresser la loi sociale. Comme les malheureuses sorcières de Michelet demandaient au diable de soulager par ses prodiges la cruelle insatisfaction de leur existence.

Je vois beaucoup de liens entre les écrivains et les sorcières. Celles-ci, ainsi que les chamans, que font-elles d'autre, en pactisant avec le diable, les forces obscures, en se livrant à des sabbats, ou en détenant le secret des plantes, que d'emprunter des voies nocturnes pour enchanter la réalité ? Les sortilèges, les philtres hallucinatoires, les incantations sont réprouvés parce qu'ils échappent au monde rationnel et défient ses lois. Ils semblent détenir un pouvoir et porter des messages du royaume des ténèbres qui enveloppe ce monde réel sur lequel nous avons bâti un édifice éphémère. Ces sorcières elles aussi expriment une révolte contre la domination d'une société qui ne reconnaît que son ordre propre et s'ingénie à éradiquer toutes les manifestations d'indépendance et d'insoumission.

VII

Le seul antidote à la servitude volontaire

La littérature, l'attrait qu'elle suscite, je mesure à quel point il est ambigu. Elle réconcilie nos contradictions. Tantôt elle exalte de grands desseins collectifs avec Corneille, Barrès, Rostand, Saint-Exupéry ou Camus, tantôt elle présente des figures d'asociaux qui se moquent des conventions. Sinon comment expliquer que, comme lecteur, je me réjouisse à ce point de voir des héros qui se grisent de braver les interdits ? Se complaisant dans le mal, certains n'hésitent pas à proférer des blasphèmes et à se livrer sans vergogne à des comportements prohibés : c'est ainsi que j'applaudis de voir Casanova s'évadant de la prison des Plombs à Venise, où sa conduite scandaleuse l'a conduit, pour mener à travers l'Europe une existence de séducteur sans scrupules, de suborneur de jeunes filles et de tricheur. La fiction justifie ainsi toutes les incartades, les rébellions, les insoumissions, puisque je trouve en eux une forme de catharsis : Vautrin alias l'abbé Carlos Herrera, alias Jacques Collin, n'est-il pas le prototype de ces hors-la-loi auxquels le roman donne son absolution ? Tout comme il amnistie l'assassin Raskolnikov ou Julien Sorel, meurtrier de sa maîtresse et bienfaitrice.

La littérature se fait plus que l'avocate des dévoiements en tous genres, elle en devient la complice ; Madame Bovary et Anna Karénine ne sont coupables que devant une société que Flaubert et Tolstoï condamnent car elle réprime les élans spontanés du cœur pour préserver l'institution du mariage, caricaturé par les écrivains comme une prison à ciel ouvert. Colette donne ses lettres de noblesse au détournement de mineurs dans le *Blé en herbe*. Henry Miller, Anaïs Nin, D.H. Lawrence transgressent les interdits victoriens en matière sexuelle en s'autorisant toutes les libertés. N'ont-ils pas été précédés quatre siècles auparavant par Brantôme et ses « dames galantes » dont les mœurs sont un défi à la morale ? Quant à Ernst Jünger, qui a beau être décoré de la plus haute distinction militaire allemande, il ne se prive pas d'occuper ses loisirs à fumer de l'opium, comme Pierre Loti, à expérimenter dans son livre *Approches, drogues, ivresse*, le LSD, mais aussi l'éther, la morphine, la cocaïne et l'héroïne. Paul Morand, dans *Hécate*, suivant les traces du *Monsieur du Paur* de Paul Jean Toulet et précédant la *Lolita* de Nabokov, caresse sans trouble manifeste des déviances prohibées par le Code pénal.

Et que dire de la dilection morbide d'Octave Mirbeau qui, dans *Le Jardin des supplices*, nous entraîne à contempler les horreurs de la torture et les raffinements de mille cruautés chinoises ? Georges Darien, ancien pensionnaire du bagne tunisien de Biribi, où il a purgé une lourde peine pour insoumission, se livre dans *Le Voleur* à une défense et illustration des hors-la-loi, qui n'est pas éloignée des envolées lyriques de Jean Genet sur la séduction des assassins. Boris Vian, dans son poème *Le Déserteur*, reprend le propos pacifiste de Jean Giono et de son « refus d'obéissance ». Et comment ne pas rapprocher ces asociaux, en butte à la répression de la société, de ces insoumis particuliers, suicidés comme Drieu la Rochelle ou René Crevel, qui ont fait plus que fuir la conscription et les horreurs de la guerre puisqu'ils ont choisi, eux, de déserter la vie ?

Et si j'adhère si fort aux œuvres des écrivains, c'est peut-être qu'elles révèlent aussi les démons tapis en chacun : le goût caché du patriote pour l'anarchie, l'attrait du bon père de famille pour les marginaux, la secrète attirance de l'honnête femme pour les courtisanes et les expressions du dévergondage, la fascination de l'honorable ambassadeur pour les voyous, la tentation du banquier pour la crapule. D'ailleurs, Léon Daudet, quand on s'étonnait de son admiration pour Céline et son

Voyage au bout de la nuit, qui maltraitait au plus haut point les valeurs françaises et l'armée dont il était le chantre, s'exclamait : « Quand il s'agit de littérature, je me fous de la France. » Preuve que la littérature occupait pour lui un territoire secret, différent, qui pouvait être à l'opposé de ses croyances politiques.

Cette révolte qu'exprime si souvent la littérature, comment se fait-il qu'elle ne soit pas évidente, éclatante ? Par quel tour de passe-passe a-t-on éventé ses poisons, édulcoré sa violence ? Au point de détourner souvent son message pour l'enrôler au service de l'ordre social dont elle conteste souvent les préceptes. Rimbaud l'insoumis a subi un redressement si fort pour le rendre présentable et inoffensif qu'il est méconnaissable. Il est devenu un caniche qu'on promène en classe terminale. Sade, dans la lessiveuse linguistique de l'université qui l'a purgé de ses crimes, est sur le chemin de devenir une bête à dissertations. Rabelais, soigneusement peigné, découpé en tranches dans des morceaux choisis, a perdu sa verdeur, sa vulgarité, son obscénité.

En réalité, il s'est opéré sur la littérature la même opération d'assainissement, d'épuration, de récupération que celle que les Pères de l'Église ont opérée sur ce texte si subversif, aux exhortations si souvent révolutionnaire, qu'est l'Évangile, expression la plus haute, la plus pure de la loi naturelle. Que Pie XII et bien d'autres pontifes avant lui en soient arrivés à la notion de « guerre juste » et préconisent dans ce domaine la « riposte proportionnée » montre le tortueux chemin fait par le catholicisme depuis le Sermon sur la Montagne. Cette socialisation et adaptation par l'Église des Évangiles aux convenances des pouvoirs, à commencer par le sien propre, – puisque le Vatican a longtemps été un État –, se retrouve étrangement dans le traitement infligé à la littérature et aux écrivains, à la fois si indispensables à la société mais souvent opposés à ses objectifs, et devant pour cela subir une opération de désinfection et de déminage.

Car c'est le paradoxe : l'ordre social a besoin des écrivains et des poètes pour porter son message unificateur, créer une cohésion sociale, servir d'exutoire aux passions – ce que l'on appelle une civilisation –, mais à condition que leur message soit expurgé de ce qui risque de mettre en danger l'équilibre de la société : c'est ainsi que l'empereur Auguste comble d'honneurs Virgile, qui remplit à merveille cette mission, mais exile Ovide qui s'est permis de taquiner les dieux et de sourire des liens du mariage. Cette ambivalence, comment ne pas la voir se manifester dans le procès de Socrate condamné à mort par un ordre social qui ne cessera dans l'avenir de piller son héritage ? Dans l'exemple de Voltaire, dont les œuvres sont vouées au bûcher avant de devenir, comme celles de Rousseau, le bréviaire de la bonne bourgeoisie du XIXe siècle. De même, Flaubert et Baudelaire, poursuivis pour leur obscénité par le procureur Pinard, seront cinquante ans plus tard les icônes de la culture républicaine. Quant au paisible Paul Valéry, que l'on enferme un peu vite dans son personnage de Bossuet de la IIIe République, est-on bien sûr qu'il ne soit pas plus subversif qu'il en a l'air, même s'il déguise la violence de son propos sous le masque souriant d'un aphorisme : « La guerre, c'est le massacre de gens qui ne se connaissent pas au profit de gens qui se connaissent et ne se massacrent pas » ? Mais il existe des distorsions pires encore : nous révérons Montaigne et Montesquieu que nous enseignons comme nos maîtres et nos modèles mais, dans le même temps, nous négligeons de nous indigner – tant le souci de notre confort moral est grand – de ce qui dans les principes les offense au plus haut degré, comme le camp de torture de Guantanamo, qui officialise à la vue du monde entier l'insolente institutionnalisation du déni de justice.

Ne saurai-je jamais la raison qui a suscité en moi cette dilection pour les livres ? Outre le besoin de me comprendre, et de trouver une nourriture spirituelle que la société ne pouvait m'apporter, il se peut aussi qu'à travers la littérature, les belles vérités qu'elle contient, j'aie cherché un monde idéal où régnait une véritable justice. Cette justice dont j'avais faim et qui se révèle enfouie sous l'appareil des lois, la rigueur des conventions sociales, l'ordre nécessaire et obligatoire. Avec ces écrivains, même si on a tenté de détourner leur force de contestation, j'ai entretenu une mystérieuse communion. Ils sont le seul véritable antidote à cette « servitude volontaire » dénoncée par La Boétie, cet impôt exorbitant qui nous brime, nous impose une loi que nous n'acceptons que contraint et forcé. Ils libèrent de ses chaînes l'être libre qui en nous regimbe devant son asservissement.

Ils rendent enfin justice à ce qui au fond de moi s'insurge devant cette appropriation de ma vraie vie dont la société se rend chaque jour coupable. Le geste fatal de Zweig qui déserte un monde où il n'a plus sa place, l'indignation de Romain Gary contre le massacre des éléphants, les exhortations de Tolstoï en faveur de la non-violence, le pacifisme absolu de Giono qui en 14 remplit de terre le canon de son fusil, les dénonciations des crimes du Congo par Gide, s'ils me paraissent à ce point fraternels, c'est qu'ils expriment publiquement ma voix silencieuse s'élevant en faveur de cette justice que la société par essence est incapable d'offrir.

Quand je découvrais avec ma mère le pouvoir magique de la littérature, je n'imaginais pas à quel point celle-ci serait liée à une aspiration plus générale : la réparation de l'injustice propre à toute vie. C'est pourquoi je suis tenté de reprendre à mon compte ce que disait Mauriac de la souffrance inhérente à la relation amoureuse, en l'élargissant à toutes nos relations insatisfaisantes, à nos humiliations, à nos blessures qui frustrent l'âme : « Je ne pourrai jamais être heureux en amour, car quand j'écris une lettre d'amour, j'écris aussi la réponse. »

La littérature est cette réponse.

DRÔLE DE JUSTICE

Pièce en trois actes

Une tragi-comédie judiciaire

La fiction garde à mes yeux un intérêt irremplaçable.

Quel que soit le genre – roman ou théâtre –, elle a pour moi un charme inégalé. Je rejoins sur ce point ce que disait Hannah Arendt : « Aucune philosophie, aucune analyse, aussi profondes qu'elles soient ne peuvent se comparer en plénitude de sens avec une histoire bien racontée. » Et c'est vrai, n'avons-nous pas été nourris à ces deux mamelles que sont la mythologie grecque et la Bible, dont est issue toute littérature, sans avoir subi leur empreinte ? Michelet ne considérait-il pas que le roman était une simple laïcisation de la Bible, le romancier ayant pris la place de Dieu ? Je ne nie évidemment pas les mérites des essais et des thèses qui peuvent être à leur manière d'une haute tenue littéraire, mais seule la fiction détient le privilège d'incarner dans une histoire toutes les contradictions et les oppositions qui tissent la réalité profonde de la vie, a fortiori quand celle-ci est transfigurée en art, c'est-à-dire en vérité et en beauté. L'enseignement qu'on tire de la fiction a le double pouvoir de nous enchanter tout en nous faisant réfléchir à l'infini. Car loin d'être distants de nous-mêmes, les héros de fiction se sont étroitement intégrés à ce que nous sommes. Ils continuent à vivre en nous. Ce n'est pas un hasard si notre mémoire s'attache plus durablement à des personnages de roman qu'à des théories, si séduisantes soient-elles : Rastignac ou Julien Sorel nous feront toujours plus réfléchir qu'un essai sur l'ambition.

Cette pièce de théâtre, *Drôle de justice*, traite de questions graves, mais j'ai voulu les aborder avec le ton léger du vaudeville. Il me semble en effet que l'introduction de la légèreté et de l'humour propres à la comédie, loin de disqualifier l'importance de l'enjeu, permet à travers le comique et le grotesque de mieux en révéler le caractère tragique. D'ailleurs, d'où vient que l'épilogue de certaines grandes affaires judiciaires du passé ont sur nous un effet comique ? Ainsi, l'escroc Stavisky retrouvé mort « suicidé » de deux balles dans la tête dans un chalet savoyard. Comme il avait largement compromis le personnel politique de la IIIe République, son « suicide » tombait à pic. Cette version policière entérinée solennellement par les juges a évidemment fait sourire. Un exemple parmi mille qui illustre ce que nous savons depuis longtemps : il existe dans les démocraties une pratique ancestrale qui s'apparente au vaudeville judiciaire. Ce n'est pas l'amant qui se cache dans le placard, c'est la vérité. Que des gens aussi sérieux que les magistrats, certes animés d'excellentes raisons, puissent dans certaines affaires délicates nous fournir des explications aussi abracadabrantesques, a un effet comique. Non seulement nous ne pouvons les croire, mais il nous semble impossible qu'eux-mêmes croient un seul instant à leur version des faits tirée par les cheveux.

Entre l'extraordinaire mise en scène de la solennité judiciaire, l'hermine, le glaive et la balance, et la vie privée, humaine, trop humaine, de ceux qui prononcent des jugements, il y a un abîme qui se prête au théâtre. Le citoyen sait que, comme toujours en démocratie, il est considéré comme un enfant auquel les adultes ne peuvent pas tout dire. D'où sa curiosité de savoir vraiment ce qui se passe dans la chambre à coucher.

Alors le rideau se lève.

Un grand magistrat va nous révéler ce qui se déroule sous les grandes orgues de la justice : la vérité toute nue.

Personnages

LE PRÉSIDENT	Personnalité éminente du monde judiciaire. Brillante carrière, attend fébrilement sa nomination à la Cour de cassation. Il n'a rien négligé pour cela.
EUGÉNIE	Son épouse. Belle femme, mère de ses enfants : Pierre et Virginie. La bonté même. Ancienne interne à Sainte-Anne. Férue de psychanalyse.
PIERRE	Vingt-cinq ans, a du mal à trouver un travail. Bambocheur. Une passion refoulée pour l'ébénisterie qu'il pratique dans sa remise.
VIRGINIE	Peu d'études, peu de centres d'intérêt. Aux dires de son père, elle a un pois chiche à la place du cerveau. Sa marotte : les promenades à cheval, le naturisme.

LE COMMISSAIRE	Breton, compétent, prudent, ménage ses intérêts autant que ceux de la justice, quand du moins ça ne nuit pas à son avancement.
ROMAN POPOVITCH	Vingt-cinq ans, très beau, SDF yougoslave recueilli par Eugénie. Il dort dans le garage et se lave à moitié nu, en plein vent, au robinet de la cour, ce qui émoustille la gent féminine.

*

L'action se déroule dans la propriété provinciale du Président.

Acte 1

Une pièce-bureau dans une luxueuse demeure, richement décorée et meublée.

Côté cour, grande table de travail flanquée d'un imposant fauteuil ; un siège en vis-à-vis.
Côté jardin, deux fauteuils cuir confortables et profonds.
En fond de scène, larges arcades donnant sur un vaste parc arboré et fleuri.
Vers le fond et premier tiers, côté jardin, une imposante toile représente le Président lui-même, en majestueuse posture.
Sur le bureau du Président, trône, en évidence, un combiné téléphonique à fil.
(Cinq entrées en scène : deux à cour, deux à jardin, une sur le parc.)

*

Au lever du rideau, un accompagnement musical se fait entendre tandis que nous découvrons le Président assis devant sa table de travail. Il fait des réussites.

VOIX EXTÉRIEURE
La scène se passe dans un pays imaginaire qui en aucun cas ne peut être la France.

Le Président est penché sur ses cartes à jouer.

LE PRÉSIDENT, *après un temps, de méchante humeur.*
Mince, flûte, crotte de bique. Et puis merde. (*Il repousse les cartes d'un air furieux. Il marche dans la pièce en comptant consciencieusement ses pas.*) Six, huit, treize. Et encore merde. *(Il recommence en diminuant la longueur de ses pas.)* Décidément, la chance n'est pas avec moi. Qu'est-ce qu'ils foutent donc à la Chancellerie ? Ils dorment comme d'habitude. Et ce petit déjeuner qui n'est toujours pas servi. *(Il appelle la domestique.)* Rosalie, Rosalie. *(Personne ne répond. Il hurle :)* Eugénie, Eugénie !

Dépité, le Président retourne à ses cartes.
Son épouse apparaît, l'air las.

EUGÉNIE
Qu'y a-t-il ? Pourquoi cries-tu comme ça ?

LE PRÉSIDENT
Rosalie n'est pas là ! Ce n'est pas son jour de congé ! Le petit déjeuner n'est pas servi.

EUGÉNIE
Ce n'est pas la peine de t'énerver. Rosalie a dû avoir un empêchement. Je vais le préparer.

LE PRÉSIDENT
Ça, c'est bien toi ! À quoi sert d'avoir du personnel si on fait le travail à sa place ? D'ailleurs je me demande pourquoi tu emploies cette vieille toquée. Elle parle toute seule. Elle s'agenouille à tout bout de champ. Elle croit même que la Sainte Vierge s'adresse à elle à travers les couvercles des boîtes de fromage de la Vache qui rit. Quand te résoudras-tu à employer du personnel qui ne nous fasse pas honte ? La charité a des limites.

EUGÉNIE
Elle est fantasque, je te l'accorde. Virginie dit qu'elle a un petit vélo dans la tête. En fait, il s'agit d'une banale paranoïa avec de légères bouffées délirantes. Je connais bien ces symptômes. Je les ai étudiés quand j'étais stagiaire à Sainte-Anne avec le professeur…

LE PRÉSIDENT
Ce que tu peux m'agacer avec ta turlutaine psychanalytique.

EUGÉNIE
Cela fait longtemps que j'ai renoncé à te convaincre qu'on ne peut rester à la surface des êtres. Rosalie, sous ses élucubrations, est une très bonne personne. Et tu es le premier à t'extasier sur sa tarte Tatin.

LE PRÉSIDENT
Je suis prêt à me passer de tarte Tatin. En plus, elle a très mauvais esprit. Je la soupçonne de colporter des horreurs sur nous. Elle déteste tout ce qui a trait à l'autorité sous prétexte que son père a été condamné à mort en 40 par un tribunal militaire pour désertion. Mais que méritent d'autre les déserteurs, sinon douze balles dans la peau ?

EUGÉNIE
Tu es trop soupe au lait. Mais ne te mets pas dans un état de nerfs pareil : tu l'auras, ta promotion. Ce n'est qu'une question d'heures.

LE PRÉSIDENT
Je voudrais bien t'y voir. Mais qu'est-ce qu'ils peuvent bien fiche à la Chancellerie ? Tu es sûre que le téléphone n'est pas en panne ? *(Il se dirige vers l'appareil et écoute le récepteur.)* Non, il marche. Il y a la tonalité.

EUGÉNIE
Ne te ronge pas les sangs. C'est comme si c'était fait.

LE PRÉSIDENT
On voit que tu ne les connais pas, à la Chancellerie. Un panier de crabes. Et encore, c'est gentil, les crabes. Un nid de piranhas. S'ils croient que je ne vois pas leurs intrigues. Tout ça parce qu'ils sont jaloux. Ça marche trop bien pour moi. Est-ce ma faute si j'ai plus de talent que ces besogneux ?

EUGÉNIE
Tu sais bien que tu es une machine à gagner. Mais à chaque échelon que tu gravis, tu doutes : c'était pareil quand tu voulais obtenir la présidence de la chambre criminelle de Nouméa, pareil pour ta rosette. Tu ne laisses jamais rien au hasard. Et cette fois encore : le ministre te l'a promis, l'autre soir, quand il est venu dîner à la maison ?

LE PRÉSIDENT
Oh, le ministre ! *(Il lève les bras au ciel.)* Je devrais dire : Oh, les ministres ! Je sais de quel bois ils sont faits. Mais celui-là, il ne manquerait plus qu'il ne tienne pas sa parole, après tout ce que j'ai fait pour lui. Je lui ai ôté une belle épine du pied. Sans moi, il serait en taule. Oui, ma chère, en taule.

EUGÉNIE
Mais alors pourquoi t'inquiètes-tu ?

LE PRÉSIDENT
Justement parce que je lui ai rendu service. Tu ne connais pas cette race-là.

EUGÉNIE
Le dossier sur lui existe toujours ?

LE PRÉSIDENT
Pourquoi crois-tu qu'il ait fait des pieds et des mains pour obtenir le poste si ce n'est pas pour le faire disparaître ?

EUGÉNIE
Ce serait vraiment un triste sire. Malhonnête, soit, personne n'est parfait, mais qu'au moins il soit reconnaissant. Mais ne m'as-tu pas dit aussi que vous étiez dans la même…

LE PRÉSIDENT
Tais-toi ! Combien de fois faudra-t-il te dire qu'on ne prononce pas ce mot-là ?

EUGÉNIE
Comment veux-tu que je les appelle ?

LE PRÉSIDENT
Chut, voyons, appelle-les comme tu voudras, je ne sais pas, moi, dis les chapeaux pointus.

EUGÉNIE
Tu fais vraiment des mystères.

LE PRÉSIDENT, *changeant délibérément de sujet.*
Mais que fichent les enfants : toujours pas levés ? Et cet imbécile de Pierre, ce n'est pas en se couchant à pas d'heure qu'il se fera bien voir du préfet.

EUGÉNIE
Justement, il a fait la fête hier soir en prévision de sa nomination.

LE PRÉSIDENT
Il fête une nomination qui n'a pas encore eu lieu. Belle mentalité.

EUGÉNIE
À chacun ses remèdes à l'angoisse : lui cherche à noyer son inquiétude dans l'alcool.

LE PRÉSIDENT, *à mi-voix.*
Ah, celui-là aussi, je l'ai aidé à se sortir d'une sale affaire ; il ne manquerait plus qu'il n'engage pas Pierre. Il n'avait pas trouvé mieux que d'embarquer le cabinet Mazarin de sa préfecture. Mieux encore, il en avait fait faire une copie. Le Mobilier national s'est contenté de lui faire les gros yeux.

EUGÉNIE
Mais ces gens-là sont quand même obligés de rendre des comptes !

LE PRÉSIDENT
Tu n'y es pas du tout. Emprunter des meubles signés et des tableaux de maître et ne jamais les rendre est un sport national chez les hauts fonctionnaires. Tu serais bien surprise si je te donnais les noms de tel ministre intègre, de tel respectable ambassadeur, de tel honorable préfet qui a été pris la main dans le sac. La Cour des comptes a fait un rapport explosif. Mais je doute qu'il ne voie jamais le jour. Nous sommes dans un pays qui a le chic pour enterrer tout ce qui gêne nos grands responsables. Écoute. Le téléphone n'a pas sonné ?

EUGÉNIE
Non je ne crois pas.

LE PRÉSIDENT
Mais si, il sonne, tu es vraiment sourde, quel dommage que tu ne sois pas muette. *(Il se jette sur le téléphone.)* Allô, allô, à qui voulez-vous parler ? Répétez, bon Dieu, il y a de la friture sur la ligne... Virginie ? Vous voulez parler à Virginie ?... Ah, c'est vous, Antoine ; j'aurais été heureux de vous la passer, mais permettez-moi de vous le dire : vous tombez très mal. Rappelez en fin de matinée, ou

encore mieux, dans la soirée. Au revoir, mon vieux. *(Il raccroche, passe la main sur sa joue.)* Quel raseur ! C'est Antoine, le petit de La Chaizedieu. Et pour quoi ? Toujours ces imbécillités à propos de la liste de mariage et du traiteur.

EUGÉNIE
Je vais te préparer un café.

LE PRÉSIDENT
Oui, je te remercie... Et puis non, non, inutile. Je suis suffisamment tendu comme ça !

EUGÉNIE
Avec un peu de lait ?

LE PRÉSIDENT
Non, non, rien.

Le téléphone sonne.

LE PRÉSIDENT, *décrochant fébrilement.*
Allô, allô, qui ?... Madame Lenormand, oui, je vous écoute... Comment ?... Mamie a eu un malaise ? ... On l'a transportée à l'hôpital ? ... Alors elle est entre de bonnes mains. Tenez-moi au courant. Appelez-moi plutôt demain. Aujourd'hui je n'ai vraiment pas le temps. *(S'adressant à Eugénie après avoir raccroché.)* C'est encore Mamie qui cherche à m'apitoyer. À force de fréquenter l'hôpital, elle nous

enterrera tous. Mais je ne me laisse pas prendre à ses simagrées. Comme égoïste, elle tient le pompon. C'est bien tout ce que je tiens d'elle. C'est drôle, j'ai l'impression de n'avoir jamais eu de mère. Une étrangère. Et encore, une étrangère, on peut avoir l'espoir de s'en faire une amie. Moi, je suis orphelin d'une mère vivante.

On frappe à la porte. Apparaît un très beau garçon, Roman Popovich, un jeune Yougoslave. Il est mal vêtu, ce qui n'empêche pas qu'il reste élégant. Il porte un coquet petit foulard rouge.

LE PRÉSIDENT
Qu'est-ce que vous voulez encore ?

ROMAN
Moi besoin clé remise.

LE PRÉSIDENT
Et c'est pour ça que vous me dérangez ?

ROMAN
Voiture kaputt.

LE PRÉSIDENT
Hier, elle marchait très bien. Mis à part cette horrible éraflure sur la carrosserie faite par la trottinette de la petite Jeannette. Quelle petite sotte !

ROMAN
Moi avoir besoin acheter posture pour peindre volets.

LE PRÉSIDENT
Combien de fois devrais-je vous dire que ce n'est pas de la posture mais de la peinture ?

ROMAN
Moi besoin d'argent pour posture.

LE PRÉSIDENT
Ah, il m'énerve : pein-tu-re, ce n'est pas difficile. Répétez après moi. Pein-tu-re.

ROMAN
Pos-tu-re.

LE PRÉSIDENT
Je renonce.

EUGÉNIE, *allant à Roman et lui prenant le bras avec affection.*
Venez, Roman, je vais vous donner la clé et nous réglerons tout cela ensemble. Mon mari est nerveux, il ne faut pas le déranger en ce moment.

ROMAN
Lui pas aimer moi. Il a œil méchant. Je vais partir.

EUGÉNIE
Mais non, Roman, ne partez pas. Vous savez bien que je vous aime beaucoup. Tout cela se tassera, croyez-moi. J'ai besoin de vous, Roman. Vous êtes le seul dans cette maison qui me convainc que je suis une personne et non pas une chose. Quand j'aperçois votre sourire le matin, j'ai l'impression que c'est la vie qui me sourit.

Ils sortent.
Le Président demeure seul. Il reste un instant pensif, puis ne pouvant contrôler son impatience, il va au téléphone et le secoue nerveusement.

Entre Virginie.

VIRGINIE
Antoine a appelé ?

LE PRÉSIDENT
Oui, il a appelé ; il rappellera ce soir.

VIRGINIE
Pourtant c'est important que je lui parle.

LE PRÉSIDENT
Eh bien, ma petite, ça attendra, je t'interdis de toucher au téléphone.

VIRGINIE
Mais enfin, papa, tu ne peux pas monopoliser cet appareil ! C'est le seul de la maison !

LE PRÉSIDENT
Tu as un portable, non ?

VIRGINIE
Mais internet ne passe pas ici, tu le sais très bien !

LE PRÉSIDENT, *qui s'énerve.*
Internet ou pas, que ça te plaise ou non, tu ne touches pas à mon appareil !

VIRGINIE
Charmant. Quelle humeur de dogue. On voit que le mariage de ta fille n'est pas ta préoccupation première.

LE PRÉSIDENT
Il le sera, mais en son temps. Et certainement pas aujourd'hui.

VIRGINIE
Tu sembles oublier que c'est toi qui as voulu que j'épouse Antoine. Ça te flattait, cette alliance avec les La Chaizedieu.

LE PRÉSIDENT
Une belle alliance, leur particule remonte à dix-neuf cent cinquante. Ça ne les empêche pas de se prendre pour les La Rochefoucauld.

VIRGINIE
Les aciéries d'Ancenis sont plus anciennes et elles rapportent gros.

LE PRÉSIDENT
Ma chère enfant, j'ai moins tenté de t'éviter une mésalliance que de t'épargner un mariage catastrophique avec un crève-la-faim. Ton hurluberlu de Jérémie, quel triste sire ! Comment as-tu pu penser faire ta vie avec un garçon qui fait des études vétérinaires ? Avoir un gendre qui passe ses journées dans le cul des vaches, non merci !

VIRGINIE
Je me suis résignée ; c'est fou, la force de la résignation. Et l'idée du mariage, et tout le tralala qui va avec, ça a le pouvoir de faire oublier le reste. On se monte tellement la tête qu'on en arrive même à croire qu'on aime celui qu'on épouse.

LE PRÉSIDENT
Réfléchir, c'est simplement éviter de se conduire comme une idiote.

VIRGINIE
Et l'amour, ça n'est jamais entré dans tes plans ?

LE PRÉSIDENT
L'amour raisonnable, oui. Pas les petites fantaisies de gamine. Pas ces amourettes d'un jour qu'on paie de toute une vie de traîne-savates.

VIRGINIE
De toute façon, tu as toujours voulu décider de tout. Pierre voulait être ébéniste ; regarde comme il est heureux quand il rabote dans son atelier ! C'est sa passion. On dirait qu'il est né avec une varlope à la main. Et pourtant tu l'as obligé à faire des études de droit qui l'ennuyaient.

LE PRÉSIDENT, *ricanant.*
Un fils ébéniste ! Tu me vois d'ici serrant dans mes bras un rejeton en bleu de travail, avec de la sciure dans les cheveux et des copeaux de bois dans les poches.

VIRGINIE
C'était sa vocation.

LE PRÉSIDENT, *furieux.*
Une vocation idiote qui aurait fait de lui un paria dans son milieu. Allez, assez parlé de toutes ces sottises. Ne vous approchez plus du téléphone.

Et il quitte la pièce en sortant au premier plan cour.

VIRGINIE
Mais enfin, papa !

LE PRÉSIDENT, *braillant, off.*
In-ter-dit !

Entre Pierre, se tenant la tête, les cheveux en bataille.

PIERRE
Il se passe quoi, là ?

VIRGINIE
Rien. Une histoire de téléphone.

PIERRE, *se vautrant dans un fauteuil.*
Ah là là, bordel, quelle sacrée cuite ! Je ne sais plus ce que j'ai fait. Je ne trouve pas l'Alka-Seltzer. Je vais en demander à papa.

VIRGINIE
Je ne te le conseille pas. Il est à cran ce matin. Tu crois qu'il va nous emmerder encore longtemps avec sa nomination à la Cour de cass ?

PIERRE
Oui. Et après la Cour de cass, il trouvera bien autre chose. Pourquoi pas ministre ? C'est le Paganini de l'arrivisme. Quand on commence à escalader les hiérarchies sociales, il y a peu de chances pour que l'on s'arrête. C'est une vraie maladie. Mais elle ne se soigne pas, celle-là.

VIRGINIE
D'où ça lui vient, cette fringale ?

PIERRE
Il a ça dans le sang. Il ne le dit pas mais il veut venger son père.

VIRGINIE
Papy ! Qu'est-ce qu'il a à venger ? C'était un grand magistrat, lui aussi.

PIERRE
Sauf que son hermine avait légèrement trempé dans la boue.

VIRGINIE
Ça ne se voyait pas. Il portait beau. Il n'avait pas l'air d'un homme qui a raté sa vie.

PIERRE
Chez les magistrats, les coups bas sont invisibles. Comme dans la police, on peut vous démolir un bonhomme sans laisser de traces. Les gaullistes l'avaient dans le nez. Ils lui en ont fait voir de toutes les couleurs.

VIRGINIE
Pourquoi ?

PIERRE
Tu as entendu parler de Vichy ?

VIRGINIE
Comme l'eau ?

PIERRE
Papa dit que je suis inculte, mais toi, tu bats des records. Vichy, c'est une sale période de l'histoire de France où tout le monde se bouffait le nez. Papy était du mauvais côté. Et cet idiot, au lieu de retourner sa veste comme tout le monde, de se signaler par son zèle dans l'épuration, il a campé sur ses positions. Total : on l'a mis à la retraite. Il a eu de la chance, on aurait pu le mettre en taule.

On n'aurait pas été jusqu'à le fusiller... C'est ce qu'il y a de bien chez les magistrats : ils ne se condamnent jamais entre eux. Parfois, ça donne envie d'être magistrat.

VIRGINIE
On m'a dit que papa avait été communiste dans sa jeunesse. Ça m'a paru incroyable.

PIERRE
C'était plus qu'un flirt, il a couché avec eux.

VIRGINIE
Papa, coucher avec les communistes !

PIERRE
Avec un père discrédité, il fallait bien qu'il se refasse une virginité. Pour ça, les communistes, ils n'ont pas leur pareil : en deux tours de main, ils vous rendent pur comme l'enfant qui vient de naître. Pourquoi crois-tu qu'il a témoigné au procès Kravchenko ?

VIRGINIE
Témoigné quoi ? Pour qui ?

PIERRE
On t'expliquera. Quelle gourde tu fais ! Tu es gentille, mais en dehors des mérites comparés de Rubelli, de Nobilis et de Manuel Canovas, en histoire tu n'es pas vraiment fortiche. L'autre jour, tu

croyais que Napoléon avait gagné la guerre de 14, alors que tout le monde sait que c'est de Gaulle. Maintenant, entre Dalloyau et Potel et Chabot, tu en as plein la bouche, des traiteurs chics pour ton mariage. Et pour ton appartement avenue de Messine, tu hésites entre Jacques Garcia et Juan Pablo Molyneux... Quand vous aurez un marmot, je vois ça d'ici, tu nous farciras la tête avec tes hésitations entre Bonpoint et Sergent-Major. Et après, quand tu commenceras à tromper ton mari, ce seront les petites culottes froufroutantes d'Agent Provocateur ou de La Perla. Ça coûte une pelle, ces machins-là, alors que ce n'est pas le tissu qui les ruine. Pas étonnant qu'on me demande pourquoi j'ai du mal à me marier ! Tu me vois écouter des niaiseries de ce genre toute la sainte journée.

VIRGINIE
Tu vas continuer longtemps ? Oui, je suis une femme. Il faut que tu t'y fasses. Il y en a à qui ça plaît. C'est un pays étranger pour toi. Je ne vais pas me mettre à ressembler à tes potes pour te faire plaisir : à la façon dont tu les contemples d'un regard énamouré, ces motards moustachus, en blouson de cuir, la poitrine tatouée, qui font pétarader leur Harley Davidson, je me dis que ça doit être ça, ton idéal féminin. Mais arrête de dire que je suis inculte. Ce n'est pas de ma faute si au lycée on a remplacé les dates par les fluctuations des prix du blé, l'histoire des luttes sociales et des

mouvements syndicaux. Qu'est-ce que ça me fiche à moi vos Louis XIV, vos Richelieu, vos de Gaulle ? Ils ont tous fait tuer des hommes à la guerre. Moi, ce qui m'intéresse, c'est la vie. Mon bonheur, je le trouve à cheval, au galop, dans la forêt, ou quand je m'allonge complètement nue dans l'herbe mouillée après la pluie.

Une sonnerie retentit.

LE PRÉSIDENT, *off.*
Ça sonne ! C'est le téléphone ! Décrochez, j'arrive ! Décrochez !

VIRGINIE
Mais non, papa, ce n'est pas le téléphone, c'est la porte d'entrée.

LE PRÉSIDENT, *off.*
Va voir ce que c'est, Rosalie n'est pas là.

VIRGINIE
Ah, oui, c'est vrai. J'y vais.

Elle sort.
Pierre pousse un soupir lassé, et s'avachit dans son fauteuil.

PIERRE
Papa… Tu n'aurais pas de l'Alka-Seltzer ?

LE PRÉSIDENT, *off.*
De quoi ?

PIERRE
De l'Alka... *(Renonçant :)* Non, rien.

Virginie revient avec le commissaire Le Guen.

LE COMMISSAIRE
Pardon de vous déranger, mademoiselle, mais il faut que je parle au Président.

VIRGINIE
Rien de grave ?

LE COMMISSAIRE
Une affaire très grave.

VIRGINIE
Grave à ce point ? Je vous préviens que ce n'est pas le moment : il est de méchante humeur.

LE COMMISSAIRE
Il s'agit d'un crime... Jeannette, la fille de votre voisine, a probablement été étranglée par un sadique.

VIRGINIE
La malheureuse mère. Je comprends pourquoi elle n'est pas venue préparer le petit déjeuner. C'est atroce.

LE COMMISSAIRE
Vous n'avez rien entendu hier soir ?

VIRGINIE
Absolument rien, j'avais pris un somnifère.

LE COMMISSAIRE
À quelle heure ? La mère de Jeannette vous a aperçue tard dans la soirée près du garage.

VIRGINIE
Ah oui, j'avais oublié mon sèche-cheveux. Il était en panne. Je suis allé demander à Roman de le réparer. C'est un bricoleur de génie. Il sait tout faire.

PIERRE, *goguenard.*
Il rend toutes sortes de services. Un garçon à toutes mains. Dis plutôt que c'est ta manière d'enterrer ta vie de jeune fille.

VIRGINIE
Imbécile. Quand on va se marier, on pense à autre chose qu'à faire des galipettes. Tu verras quand ça

sera ton cas, mais j'ai bien peur que ça ne soit pas demain la veille.

PIERRE
J'ai bien vu la façon dont tu le regardais : comme un pain au chocolat chaud dont tu ne ferais qu'une bouchée.

VIRGINIE
Miam miam : un grand pain au chocolat, tu as vu combien il mesure ?

PIERRE
J'ai quand même ma petite idée. Mais je vous laisse, il faut absolument que je trouve de l'Alka-Seltzer.

Il sort.

LE COMMISSAIRE, *à Virginie.*
J'insiste, mademoiselle ; je dois parler au Président.

VIRGINIE
Bien sûr, je le préviens.

LE PRÉSIDENT, *entrant.*
J'ai tout entendu, commissaire.

LE COMMISSAIRE
Bonjour, monsieur le Président.

LE PRÉSIDENT
Mais nous nous connaissons, commissaire Le Guen. *Nozvezh vat.* Nous avons travaillé sur le dossier Dugoujon. Je me souviens très bien de vous. Vous êtes un homme sérieux, méticuleux même. C'est vous qui avez cette passion pour la modélisation. Je me souviens qu'à cette époque, vous vouliez mettre en bouteille un modèle réduit d'un fameux bateau… lequel déjà ?

LE COMMISSAIRE
La Méduse.

LE PRÉSIDENT
La Méduse, ah oui c'est cela, et maintenant avez-vous un nouveau projet tout aussi intéressant ?

LE COMMISSAIRE
Oui, *L'Astrolabe* de La Pérouse.

LE PRÉSIDENT
Décidément vous aimez les navires qui portent malheur.

LE COMMISSAIRE
Je n'ai pas précisément une profession qui fait bon ménage avec le bonheur.

LE PRÉSIDENT
Vous m'aviez parlé d'une mutation que vous aviez du mal à obtenir. À Brest, je crois. Et ça s'est arrangé ?

LE COMMISSAIRE
Toujours pas : on me met des bâtons dans les roues.

LE PRÉSIDENT
Ah je connais bien cela : la jalousie. Vous êtes trop brillant. On vous craint. Mais on peut débloquer la situation. Voulez-vous que je m'en charge ?

LE COMMISSAIRE
Volontiers. Mais je venais pour la petite Jeannette.

LE PRÉSIDENT
Ah oui, quelle sale affaire. Si tant est que ce soit une affaire. Pour l'instant, on en est aux conjectures. J'espère que vous n'allez pas l'ébruiter. Ce n'est vraiment pas le jour. D'ailleurs je vais téléphoner à Mme Le Croisic pour que *La Dépêche* n'en dise rien avant quelques jours. Et si elle pouvait n'en pas parler du tout, ce serait encore mieux.

VIRGINIE
Mais papa, Mme le Croisic ne pourra pas museler sa rédaction. Il s'agit d'un crime.

LE PRÉSIDENT
Crime ! Comme vous allez vite en besogne. Est-on bien sûr que ce soit un crime ? Avant de s'avancer, il faut attendre les résultats de l'autopsie. Si on veut faire les choses sérieusement, ça peut prendre un certain temps. D'ailleurs, je connais bien le médecin légiste, je lui en parlerai. C'est un homme raisonnable. Qui dit que ce n'est pas un accident ? Il y a bien des petites filles qui s'étranglent avec leur corde à sauter... Évidemment à sept ans, c'est difficile de parler de suicide. Dommage. La version du suicide, c'est une bénédiction dans certaines affaires délicates. Vous voyez ce que je veux dire ?

LE COMMISSAIRE
C'est vrai que parfois ça évite beaucoup de paperasses. C'est clair, c'est net, c'est sans bavure.

LE PRÉSIDENT
Regardez l'affaire des disparues de l'Yonne. Sale dossier, je vous le concède. Mais quel intérêt y aurait-il eu à laver tout le linge sale du département ? Et Dieu sait qu'il y en avait ! Heureusement, le gendarme Jambert s'est opportunément suicidé la veille du procès. Il devait y témoigner des pressions qu'il avait subies. Une aubaine : c'est plus fragile qu'on ne croit, un gendarme. Évidemment, deux balles dans la tête, c'était du

pain bénit pour les journalistes. Heureusement, pour une fois, ils se sont écrasés. Les mauvaises langues disent qu'il y avait un ministre dans le coup. Qu'est-ce que les gens ne vont pas chercher !

LE COMMISSAIRE
C'est plus facile en province. Les Rouletabille locaux se tiennent plus facilement à carreau. Dame, il n'y a qu'un seul quotidien tandis qu'à Paris ça grouille de journalistes qui ont souvent mauvais esprit.

LE PRÉSIDENT
C'est exact, commissaire, mais le suicide garde néanmoins beaucoup d'avantages. Je me demande pourquoi ces Russes, qui pourtant n'ont pas beaucoup de scrupules, s'embêtent encore à employer des méthodes sophistiquées. Ce polonium, ce Novitchok, ça laisse des traces. Tandis qu'un suicide, ça passe toujours comme une lettre à la poste. Regardez ce Figon de l'affaire Ben Barka, qu'on a retrouvé pendu. Ou ce malheureux fils du général Imbot dans l'affaire des frégates de Taïwan. Il s'est opportunément jeté par la fenêtre. Là, ils y sont allés un peu fort des deux côtés : plus de vingt suicides, ça commence à faire jaser. Mais on a beau avoir du mal à incriminer une épidémie de dépression nerveuse, ça passe quand même.

LE COMMISSAIRE
Mais, monsieur le Président, comment faites-vous dans ces cas-là ?

LE PRÉSIDENT
C'est très simple.

LE COMMISSAIRE
Comment très simple ?

LE PRÉSIDENT
Je fais comme vous.

LE COMMISSAIRE
Comme moi !

LE PRÉSIDENT, *avec un rire sardonique.*
Je fais comme si je n'avais rien vu. Je regarde ailleurs. Dans nos métiers, vous le savez bien, on ne peut pas se permettre d'être naïf.

LE COMMISSAIRE
Ça laisse quand même un malaise.

LE PRÉSIDENT
Oui, mais un malaise, ça passe, et ça fait moins de dégâts qu'un scandale. À quoi cela servirait-il de mettre le nez dans les basses œuvres ? Ça ne ressuscitera pas les morts. Et jusqu'où serait-on obligé

de remonter ? Ces investigations n'aboutiraient qu'à révéler la part la plus obscure de l'État. Mieux vaut une injustice qu'un désordre, comme l'a dit justement un grand écrivain allemand. Et l'ordre n'existe, vous le savez bien, que parce qu'on met un mouchoir sur une foule de petites magouilles pas très propres.

LE COMMISSAIRE
C'est comme dans la vie. Il faut savoir fermer les yeux.

LE PRÉSIDENT
Prenez l'exemple de l'assassinat de Jaurès. Vous vous souvenez de la terrible condamnation de son meurtrier.

LE COMMISSAIRE
Il a pris le maximum !

LE PRÉSIDENT
Vous n'y êtes pas du tout, mon cher ami : il a été acquitté. Ah, il vous reste beaucoup à apprendre sur la justice. Sachez une chose élémentaire : plus c'est gros, plus ça passe.

LE COMMISSAIRE, *après un bref temps.*
Monsieur le Président, pardon encore de vous importuner : la mère de Jeannette dit que vous

avez parlé à sa fille quand elle est revenue de l'école. Vous n'avez rien remarqué d'anormal ?

LE PRÉSIDENT
Moi, je lui ai ?... Ma foi, c'est bien possible. Peut-être lui ai-je demandé de crier moins fort. Vous avez remarqué comme ces petites filles ont des voix acides qui crèvent les tympans ? Peut-être aussi lui ai-je fait une remarque sur sa maladresse ; elle a sérieusement éraflé la carrosserie de ma voiture avec sa trottinette. Et cette petite cachotière s'était bien gardée de me le dire. Enfin, pauvre petite malheureuse, maintenant elle n'aura plus besoin de sa trottinette.

Réapparaît le fils.

PIERRE
J'ai enfin trouvé de l'Alka-Seltzer.

LE COMMISSAIRE, *considérant Pierre, au Président.*
Ce jeune homme est votre fils, je suppose ?

LE PRÉSIDENT, *soupirant.*
Hélas... *(À Pierre :)* Le commissaire est venu pour l'affaire de la petite Jeannette.

LE COMMISSAIRE, *à Pierre, après un bref temps.*
Vous la connaissiez bien ? ... Sa mère dit que vous lui aviez offert une poupée pour ses sept ans.

PIERRE
C'était une fillette charmante, mais parfois un peu agaçante. Je lui avais offert cette poupée pour me faire pardonner de l'avoir rabrouée un peu durement. Elle jouait les aguicheuses, à son âge. C'est curieux comme certaines fillettes prennent très tôt le mauvais côté des femmes.

LE COMMISSAIRE
Quand l'avez-vous vue pour la dernière fois ?

PIERRE
Vraiment, commissaire avec la meilleure volonté du monde, je suis incapable de vous le dire.

LE COMMISSAIRE
Sa mère vous a entendu parler avec elle, hier soir.

PIERRE
Hier soir, pardon de vous l'avouer, j'étais complètement bourré. On avait fêté au bistrot avec des potes ma prochaine nomination à la préfecture. Et puis la mère dit n'importe quoi. C'est une vieille folle qui radote. Il faut le grand cœur de ma mère qui s'attache à tous les éclopés pour l'employer à la maison. Elle casse plus de vaisselle qu'elle n'en lave. Mais allez dire cela à ma mère. *(Le téléphone sonne.)* Pardon, commissaire, mais j'attends un coup

de fil de la préfecture. D'ailleurs, je n'ai rien à vous dire.

Le père et le fils se précipitent en même temps sur le téléphone. Le Président s'empare du téléphone.

LE PRÉSIDENT
Ah, c'est encore vous, Antoine... Vous tombez mal. On est en plein pétrin... Non, je ne peux pas vous passer Virginie... Le devis ! Eh bien, il attendra. On a vraiment d'autres chats à fouetter.

Il raccroche brutalement.

LE COMMISSAIRE
Je vous laisse, monsieur le Président. Je vous informerai de la suite des événements.

LE PRÉSIDENT
Oui, surtout, et n'oubliez pas de me donner votre dossier de mutation à Quimper.

LE COMMISSAIRE
À Brest.

LE PRÉSIDENT
À Brest, mais oui, bien sûr.

LE COMMISSAIRE, *saluant.*
Monsieur le Président.

VIRGINIE
Je vous raccompagne, commissaire.

Virginie sort, le commissaire lui emboite le pas.

LE PRÉSIDENT, *après un temps, à Pierre.*
Quel idiot ! On n'a pas idée d'être un imbécile pareil. Mais c'est le genre de crétin qu'il faut amadouer. On ne sait jamais. Mettre des bateaux dans des bouteilles, peut-on imaginer une activité plus bête ? Je me demande ce qui peut bien se passer dans sa grosse tête quand il s'acharne sur ses miniatures...

PIERRE, *se levant.*
Et moi, je me demande si je ne devrais pas me prendre une petite bière pour faire passer l'Alka-Seltzer...

Il sort par l'une des portes du parc.
Le Président demeure seul. Il va lentement au téléphone, commence à composer un numéro, mais renonce et s'assied, dépité.
Eugénie revient, portant une tasse de café.

EUGÉNIE, *au Président.*
Alors tu as eu la Chancellerie ?

LE PRÉSIDENT
Cesse de m'agacer avec tes questions. Tu vois bien que je suis pas à prendre avec des pincettes.

EUGÉNIE
Tu n'es de bonne humeur que les années bissextiles. Il y a des choses quand même plus graves que ta nomination.

LE PRÉSIDENT
Tu es au courant pour Jeannette. Qui te l'a dit ?

EUGÉNIE
J'ai été la réconforter. Pauvre femme. Que peut-il arriver de pire à une mère dans la vie ? Pierre aussi doit être bouleversé. Il aimait beaucoup cette enfant. Il lui avait même offert une poupée. Il adore les enfants, peut-être parce que d'une certaine façon il leur ressemble.

LE PRÉSIDENT
Il ferait mieux de courtiser des filles de son âge plutôt que de badiner avec des fillettes. Avec la façon que tu as eu de le pourrir, on a encore de la chance qu'il ne soit pas devenu une… Enfin, c'est déjà ça qu'il n'aime pas les garçons. Quand je pense qu'il a rompu avec la fille Crozat, j'enrage. Un gros sac, dans tous les sens du terme. Et la seule raison qu'il a trouvée pour rompre, c'est

qu'elle était idiote. Comme si une fille qui a autant d'argent pouvait être idiote. De toutes façons, mieux vaut épouser une idiote que de jouer à la poupée. Je me demande s'il deviendra jamais adulte...

EUGÉNIE
Cesse d'être sévère avec lui. Tu sais bien que ce n'est pas de sa faute.

LE PRÉSIDENT
De la faute à qui, alors ?

EUGÉNIE
Tu le sais très bien, mais tu préfères l'oublier, comme tout ce qui te donne mauvaise conscience.

LE PRÉSIDENT
Ah, tu ne vas pas me reparler de cette histoire de professeur de piano. Il ne va tout de même pas porter cette croix toute sa vie ! On fait beaucoup d'histoires pour quelques papouilles.

EUGÉNIE
Comment, quelques papouilles ? Tu ne comprends pas combien c'est grave. Depuis cette époque, il n'est plus pareil. Quelque chose s'est cassé en lui. Comme s'il voulait se punir. Ses mauvaises notes, ses renvois du collège, tu ne vois pas d'où ça vient ?

LE PRÉSIDENT
Aucun rapport. De la mauvaise psychanalyse. Décidément, Freud et Jung t'ont détraqué le cerveau. Tu continues à croire à leurs sornettes. Qu'est-ce que tu fais avec cette tasse de café ? Je t'ai dit que je n'en voulais pas.

EUGÉNIE
Ce n'est pas pour toi ; je l'apporte à Roman qui répare le pneu de la voiture. Tu l'as blessé en lui parlant sur ce ton. C'est un garçon charmant, mais il est fragile. Il a connu beaucoup de malheurs. Le café va être froid. Je vais le réchauffer.

LE PRÉSIDENT
Ses malheurs, si tu savais comme je m'en bats l'œil. Je suis à un moment crucial de ma carrière, et tu me parles des prétendus malheurs d'un Yougo, d'un déchet humain, d'un paresseux, d'un tire-au-flanc.

EUGÉNIE
Tu ignores la pitié.

LE PRÉSIDENT
Et toi, tu en as trop, et ça te rend idiote. À force de chercher des excuses à tout le monde, comme l'enseigne ta foutue psychanalyse, il n'y aurait plus que des petits saints sur cette terre. Des irresponsables dont tous les crimes seraient dus à je ne sais

qui, à la méchante société, à papa-maman. Avec tes conceptions, je serais au chômage. Au lieu de compatir aux malheurs des autres, tu ferais mieux de t'intéresser à tes proches, à ton mari, qui est à une heure décisive de sa carrière, à ton fils, qui rentre ivre-mort tous les soirs, et qui en dépit de tous les pistons n'est pas foutu de dénicher un vrai travail. Et il ne trouve rien de mieux à faire que de jouer à la poupée. Quant à ta fille, cette tête de linotte, qui a un pois chiche à la place du cerveau, elle ne pense qu'à épater ses copines par une fête de mariage à tout casser au risque de nous mettre sur la paille. Tu connais sa dernière trouvaille : faire appel à l'orchestre des Wendy Sisters. De Los Angeles, rien que ça ! Est-ce que c'est vraiment indispensable pour se marier d'avoir les Wendy Sisters ! Ton cœur aurait mieux à faire de s'occuper des tiens, plutôt que de porter du café à un va-nu-pied dont on ne sait d'où il vient et qui vit à nos crochets.

EUGÉNIE
Mais il abat un travail fou et on ne le paie même pas.

LE PRÉSIDENT
On le loge, on le nourrit comme un prince. C'est assez pour un bon-à-rien. J'ai l'impression qu'il passe plus de temps à faire la sieste qu'à repeindre le garage. Et puis, comme disait ma grand-mère : le

bon marché est toujours trop cher. Tout ça, c'est à cause de ton père. Il ne t'a pas appris que la vie était dure et qu'il fallait être sans pitié.

EUGÉNIE

Je ne regrette pas les leçons de mon père. Il nous a appris qu'on pouvait faire fortune et avoir un cœur généreux. Pour Noël, il nous couvrait de cadeaux, mais il nous demandait toujours d'inviter chez nous pour le réveillon toutes nos connaissances qui étaient seules. Même si elles n'étaient pas forcément sympathiques. Il fallait pardonner devant le malheur. Et aujourd'hui encore, je sais qu'il me dirait de défendre Roman.

LE PRÉSIDENT

Tu devrais t'interroger toi aussi sur ta passion pour les bonnes œuvres. Qu'est-ce que ça cache ? À quoi ça rime d'aller apporter du thé chaud aux prostituées du bois de Vincennes qui attendent les clients dans leur camionnette ?

EUGÉNIE

Oui, j'accompagne des prêtres vraiment admirables. Mais toi, bien sûr, le père Talva, l'abbé Giros, ça ne te dit rien. Ce *Notre-Père* récité en anglais avec les prostituées nigérianes, je n'ai rien ressenti de plus poignant. Je touchais du doigt le fond de la détresse humaine.

LE PRÉSIDENT
Je ne comprendrai jamais que tu te sois détournée d'une religion raisonnable comme la religion reformée pour te convertir au catholicisme. Tout ce sentimentalisme autour d'une victime !

EUGÉNIE
Parce que les catholiques se sentent plus proches du Christ. Pour eux, les prostituées sont l'image du Christ. Les humilier, c'est humilier Jésus. Je me demande parfois si tu as encore un cœur ?

LE PRÉSIDENT, *ricanant.*
Ça, c'est une bonne question. Je m'étonne que tu l'aies trouvée toute seule. As-tu réfléchi que tout le monde n'est pas égal sur le chapitre du cœur ? Demande à ceux qui ont connu l'enfer de la pension. Là-bas, à force de sévices, ces bourreaux sont parvenus à me faire ressembler aux pires d'entre eux, que je haïssais. Est-ce ma faute si j'ai une mère qui a rabroué tous mes élans ? Elle s'est ingéniée à assécher en moi tout ce que j'avais de tendre et de spontané. Elle a réussi à créer un vide là où j'avais probablement un cœur comme tout le monde. Et ce vide, je l'ai rempli avec cette idée du devoir que me donnait la société. Une idée austère, implacable, sans tendresse et sans mémoire. C'est l'honorabilité qui m'a tenu lieu de cœur.

EUGÉNIE
Ne te fais pas plus mauvais que tu n'es.

LE PRÉSIDENT
L'ordre social n'est ni bon ni mauvais. Il est, c'est tout. J'ai dépassé depuis longtemps ce clivage. Je me suis amputé de tout ce qui, de près ou de loin, ressemble à de la compassion. Et crois-moi, ce n'est pas toujours une sinécure d'être froid et indifférent comme un manuel de droit. Pourquoi crois-tu donc que j'ai aspiré à devenir magistrat ? J'ai voulu être un homme tout entier mû par la raison. C'est ce qui me permet d'arbitrer les conflits avec autant d'impassibilité que si les êtres étaient des choses. Je les observe avec la froideur d'un entomologiste qui examine des larves sur une plaque de verre.

EUGÉNIE
C'est sans doute pourquoi tu me manifestes si peu d'aménité. Tu m'humilies à tout propos.

LE PRÉSIDENT
Tu n'y es pas, ma chère. Être injuste avec toi, c'est une façon de me punir. Il y a aussi une jouissance à se faire du mal en torturant un être innocent. Car tu sais bien à quel point je t'admire et te respecte.

EUGÉNIE
On pourrait avoir du mal à te croire.

LE PRÉSIDENT
Punir, faire du mal aux autres quels que soient les crimes ou les vices dont ils sont coupables, c'est bizarrement prendre plaisir à se faire du mal à soi-même. Un bien sinistre apostolat, je te l'accorde. Ce n'est pas pour rien que François Mitterrand disait : « Juge, quel drôle de métier pour un homme. »

EUGÉNIE
Mais il y a quand même un bien ? Tu n'y es pas insensible ?

LE PRÉSIDENT
Au plan individuel, sans doute. Pas au niveau où je me situe : la société, et l'État qui l'incarne, se doit d'avoir toujours raison, même quand elle se contredit. Même quand elle donne l'impression de se trahir et d'avoir une conscience réversible. Quand on est passé de l'Empire à la Restauration ou de Vichy à la Libération, on a changé la nature du régime, mais on a maintenu les mêmes juges en fonction. Certes, ils servaient avec zèle, certains disent même avec obséquiosité, ceux qu'ils avaient condamnés sans états d'âme comme terroristes. Cette continuité peut choquer certains, moi je la

considère comme une forme de noblesse. Abdiquer tout sentiment personnel pour n'être plus que la vestale de la pérennité sociale, ce n'est pas de l'opportunisme, c'est une forme d'ascèse.

La lumière baisse jusqu'au noir...

ACTE II

… et remonte presque aussitôt. Quelques heures ont passé.

Le Président, songeur, visiblement lassé, est quasi allongé dans l'un des fauteuils. Il tapote nerveusement le bras de son siège.

Soudain, Pierre entre rapidement.

PIERRE, *affolé.*
Papa, papa.

LE PRÉSIDENT
Qu'est-ce qui t'arrive encore ?

PIERRE
C'est incroyable ce que j'ai vu !

LE PRÉSIDENT
Quoi donc ?

PIERRE
Dans le garage, maman et Roman étaient enlacés sur la vieille balancelle. Ils s'embrassaient. Je me demande même s'ils ne faisaient pas pire. Ils se sont levés l'air gêné quand j'ai fait du bruit en ouvrant la porte.

LE PRÉSIDENT
Tu as la berlue. S'il n'était pas si tôt, je croirais que tu as encore un coup dans le nez. Ce n'est vraiment pas le genre de ta mère de batifoler. Surtout avec un Yougo SDF. Elle lui apportait sans doute encore du café. Je lui ai interdit de rôder dans la maison sans raison valable.

PIERRE
Mais, papa, ce que j'ai vu était sans équivoque. Maman te trompe sous ton toit.

LE PRÉSIDENT
Calme-toi. Essaie de comprendre un peu la vie. Tu es toujours sur la jante, toujours en effervescence pour des broutilles.

PIERRE
Des broutilles que maman s'amourache d'un SDF ?

LE PRÉSIDENT
Écoute-moi un peu : ta mère et moi nous formons un couple, un vrai couple, ce qui ne veut pas dire que la vie soit rose tous les jours. Nous éprouvons l'un pour l'autre une profonde estime. Mais le temps des orages est passé. Tu es en âge de savoir qu'elle ne m'a pas épousé par amour. Elle aimait follement mon cousin germain, Tristan. Ils allaient se marier. Mais il s'est engagé dans l'aviation à Londres. Il a eu le malheur d'être désigné pour une mission suicide sur Dieppe, que cet imbécile de Churchill a montée en dépit du bon sens, simplement pour faire plaisir à Staline. Elle m'a épousé par dépit. Je ne me fais aucune illusion.

PIERRE
Ce n'est pas une raison pour te tromper sous ton toit.

LE PRÉSIDENT
Que ce soit sous mon toit, dans une maison de rendez-vous, ou dans un sous-bois sur un lit de feuilles mortes, je ne vois pas beaucoup de différences. Mais je connais ta mère. Son bon cœur la rend idiote. Elle est toujours prête à donner sa chemise. Et quand on donne sa chemise, tant qu'à faire, on donne aussi ce qu'il y a en dessous. Ses études de psychanalyse ont complètement décom-

plexé ta mère sur le plan sexuel. Elle ne voit pas où est le mal. Faire l'amour avec un quidam, ça n'a pas plus d'importance pour elle que d'offrir une pastille de cachou. On ne dira jamais assez les ravages causés par la psychanalyse dans les familles. Cela autorise tout. Plus rien ne tient. Les femmes n'ont plus aucun frein. Ce n'est pas seulement une imposture, c'est une machine à faire des cocus.

PIERRE
La psychanalyse a bon dos !

LE PRÉSIDENT
Crois-tu que la psychanalyse aurait autant de succès si elle ne permettait pas de coucher avec qui bon vous semble ? Cela dit, comme toutes les femmes, ta mère n'est pas à l'abri des manœuvres d'un séducteur. Ces Yougo sont redoutables : de la graine de proxénète. J'ai eu affaire à eux au moment de l'affaire Marcovic. Impressionnant, le nombre de pauvres filles du meilleur monde qui se sont laissé prendre dans leurs filets. Ils sont séduisants, les bougres. Des corps d'athlète et des regards de biche. Rien de tel pour embobiner les gourdes.

PIERRE
Tu ne vas tout de même pas accepter ça ? Cela fait longtemps que j'observe son manège. Il fait sa

toilette, à demi nu, en plein vent, au robinet du garage pour émoustiller les femmes. Virginie qui n'en perd pas une m'a avoué qu'elle s'était rincé l'œil. C'est vrai qu'il est drôlement bien roulé.

LE PRÉSIDENT
Tu as raison. Cela fait longtemps que je cherche à me débarrasser de lui. Je connais ce genre de saligaud. Ils s'introduisent dans les familles, séduisent la fille, la mère, et puis ils se livrent à leur activité préférée : le chantage. C'est plus discret et moins risqué que de braquer une banque. Et ça peut rapporter gros. Surtout quand ils parviennent à s'introduire dans des familles honorables comme la nôtre. Dans ma position, tu imagines le scandale ! Mais heureusement, j'ai percé son jeu. Je vais le foutre dehors. Il ira se faire pendre ailleurs.

PIERRE
Fais attention, il risque de porter plainte pour travail dissimulé.

LE PRÉSIDENT, *éclatant d'un rire mauvais.*
Il ne manquerait plus que ça, qu'il porte plainte, moi qui l'héberge et le nourris alors qu'il aurait pu continuer à coucher sous les ponts. Tu as raison, il est allé trop loin. Et ton idiote de mère avec son bon cœur est en train de tomber dans le piège.

PIERRE
Il y a des outils qui ont disparu dans le garage. Tu pourrais déposer plainte pour vol. Comme ça, il ne nous emmerderait pas avec le travail dissimulé.

LE PRÉSIDENT
Ah, tu es malin. Tu commences à comprendre la vie. Tu seras bien utile au préfet si cet imbécile décide enfin de te prendre avec lui. Il faut attaquer le premier. En matière judiciaire, c'est le b.a. ba. Mais il y a un hic.

PIERRE
Un hic ?

LE PRÉSIDENT
Oui, un hic : le scandale. Ce n'est pas tout d'avoir le droit pour soi, il ne faut pas que la presse s'en mêle. Il faut se méfier des victoires à la Pyrrhus.

PIERRE
Pyrrhus, c'est quoi cette bête-là ? Ça se mange ?

LE PRÉSIDENT
Ah, c'est vrai que côté humanités, tu n'as jamais été une flèche. Tu es bon pour faire de la politique. Là, on n'a même pas besoin d'avoir sa capacité en droit. Et puis pour ce que ça leur sert, le droit, aux politiques ! Ils s'assoient dessus.

PIERRE
La préfecture ne m'appelle toujours pas. Si cette affaire de la petite Jeannette s'ébruite, ils risquent de ne jamais téléphoner.

LE PRÉSIDENT
Attends un peu que j'aie ma promotion. Je serai intouchable. Quel juge d'instruction osera mettre son nez dans cette affaire scabreuse ?

PIERRE
Mais la mère de Jeannette. Elle ne cesse de tenir des propos désobligeants sur nous. Elle répète au commissaire que nous sommes les derniers à avoir vu sa petite fille.

LE PRÉSIDENT
Elle cherche à se venger parce que j'ai refusé de lui payer son mois de congé. Pourquoi la payerai-je quand elle est en vacances ?

PIERRE
Elle aussi travaille au noir ?

LE PRÉSIDENT
Pour ce qu'elle travaille. Pourtant, ce n'est pas une Yougo, elle. On dirait que Roman et elle se sont donné le mot pour ne rien foutre.

PIERRE
Maintenant elle nous a dans le nez.

LE PRÉSIDENT
Quelle idée saugrenue tu as eue de lui offrir une poupée, à cette petite malheureuse ! À ton âge, offrir une poupée à une fillette de sept ans, tu ne vois pas comme c'est ridicule ? C'est le genre de bêtise qui dans des mains mal intentionnées peut vous empoisonner la vie.

PIERRE
Tu ne peux pas comprendre le plaisir que j'ai eu de la voir ouvrir ses grands yeux bleus émerveillés. Elle m'a sauté au cou comme si soudain j'étais le bon Dieu. Je sentais son petit corps chaud contre moi qui sentait ce parfum sucré du corps des petites filles. C'était attendrissant. Elle me cajolait, elle était rouée, cette petite, déjà une vraie femme, elle voulait obtenir un autre cadeau. Se faire offrir des cadeaux, c'est vraiment dans le sang des femmes.

LE PRÉSIDENT
Tu ferais mieux de te trouver une fiancée plutôt que de badiner avec des fillettes.

PIERRE
Mais toi-même, papa, tu n'étais pas insensible à son charme. Je t'ai souvent vu la prendre sur tes

genoux, et la chatouiller jusqu'à ce qu'elle crie, de ce cri de crécelle exaspérant des petites filles.

LE PRÉSIDENT
C'est vrai qu'elle était moins revêche que ta sœur. C'est bizarre comme déjà à sept ans une fillette connaît tous les stratagèmes pour exciter les mâles.

PIERRE
Quand tu étais juge pour enfants, je me souviens que tu nous ramenais plein de garnements à la maison. Tu leur faisais prendre le bain avec moi. Je me souviens des caresses que tu leur prodiguais. Et puis soudain, tu les frappais avec une serviette mouillée, tu les pinçais jusqu'au sang. C'était bizarre, ce mélange de tendresse et de brutalité. Et ce jeu du zizi sous-marin dans la baignoire, tu t'en souviens ?

LE PRÉSIDENT
Dis pas de bêtises. Je t'ai déjà répété que cette histoire est le fruit de ton imagination malade.

PIERRE
Et la baignoire, je l'ai rêvée aussi ?

LE PRÉSIDENT
C'étaient les préconisations psychopédagogiques de Summer Hill. Encore une des sottises de ta mère.

Ne va pas faire l'idiot et raconter ces bêtises au commissaire.

Entre Eugénie.
Un bout de tissu rouge est coincé dans son corsage.

EUGÉNIE, *contrariée.*
Je suis dévastée. Je n'arrive pas à m'en remettre. Quel crime horrible. Et cette malheureuse mère ! *(Bref temps.)* Je n'ai pas entendu le téléphone. Toujours pas de nouvelles de la Chancellerie ?

LE PRÉSIDENT
Pierre me dit que le Yougo a eu des gestes déplacés avec toi dans le garage.

EUGÉNIE
Pierre, qu'est-ce que tu vas chercher ?

PIERRE
J'ai vu ce que j'ai vu.

EUGÉNIE
Mais il n'y avait rien à voir. J'ai seulement fait un massage à Roman qui s'est fait un tour de reins en soulevant un poids trop lourd. J'ai encore le baume des Pyrénées dans ma poche. Et puis même si c'était vrai : où est le mal ? Il y a dans le monde des choses bien pires que de prendre quelqu'un qu'on aime dans ses bras.

LE PRÉSIDENT
Tu masses le personnel maintenant. Pas étonnant que tout soit cul par-dessus tête dans cette maison. Tour de rein ou pas, j'ai décidé de demander au Yougo de débarrasser le plancher. Qu'il retourne dans son pays. Je doute qu'il retrouve des poires comme moi.

EUGÉNIE
Tu ne peux pas le chasser. Ce serait cruel et injuste.

LE PRÉSIDENT
Tu vas encore nous chanter la prière de Francis Jammes. Toujours les épithalames.

EUGÉNIE
Ça me fait tellement de bien d'imaginer qu'un écrivain a pu avoir autant de compassion. Pas seulement pour ses semblables, pour les animaux, les ânes, les oiseaux. (*Elle fredonne :*) « Par le petit garçon qui meurt près de sa mère… Par l'oiseau rappelant l'oiseau tombé du nid. »

LE PRÉSIDENT
C'est un poète, voilà tout. C'est à cause de cette espèce de songe-creux que tu te montes la tête. Je veux bien que certains aient du talent. Mais regarde leur vie : des déchets humains. Est-ce que Verlaine est un modèle de vertu ? Un salopard qui battait

sa femme et qui a fait de la prison. Et pourtant toutes les femmes se laissent prendre à son chant des sirènes. Elles ne sont pas faites comme nous, voilà tout.

PIERRE
Moi, je n'aime pas qu'un va-nu-pied s'approche trop près de ma mère. Pour qui se prend-il ?

LE PRÉSIDENT
Heureusement que je n'ai pas été là. Je n'aurais pas pu m'empêcher de lui casser la gueule.

PIERRE
Papa, sauf ton respect, tu ne t'es pas regardé : c'est un athlète, et toi un poids plume. Il t'aurait écrasé comme une mouche.

LE PRÉSIDENT, *qui aperçoit le tissu rouge.*
Et ce bout de tissu coincé dans ta jupe, c'est quoi au juste ?

EUGÉNIE
Quel tissu ?

LE PRÉSIDENT, *qui tire le tissu.*
Tiens mais ça m'a tout l'air d'être le foulard du Yougo ! Peux-tu me dire ce qu'il fiche sous ta jupe ?

EUGÉNIE
Il a dû le retirer pendant que je le massais.

LE PRÉSIDENT
Et toi, tu avais besoin de retirer ta jupe pour le masser ?

EUGÉNIE
Et la présomption d'innocence ?

LE PRÉSIDENT
La quoi ?

EUGÉNIE
La présomption d'innocence !

LE PRÉSIDENT
Pas de gros mots. C'est un flagrant délit.

EUGÉNIE
Quel dommage que je ne sois pas magistrat. Entre vous, quelle mansuétude. C'est la présomption d'innocence à tous les étages.

LE PRÉSIDENT
Décidément, je vois que tu me prends pour un idiot !

EUGÉNIE
Ah ça non ! Mais tu es tellement malin qu'à force de rouler tout le monde, tu crois qu'on te roule.

LE PRÉSIDENT
Quelle belle image tu as de moi, ma chère ! Crois-tu que ce soit cette opinion qui justifie la haute promotion que je suis en passe d'obtenir ?

EUGÉNIE
Je ne nie pas tes mérites mais le principal, ne t'illusionne pas, c'est que tu es un roué.

LE PRÉSIDENT
Comment, moi un roué, moi… *(Le téléphone sonne. Le Président décroche aussitôt.)* Allô ?… Encore vous, cher Antoine… Je vous ai dit de rappeler Virginie plus tard. *(Il raccroche.)* Toujours cette histoire de devis. Ils commencent à me bassiner avec toutes ces fanfreluches. Comme si on avait besoin des Wendy Sisters pour se marier.

EUGÉNIE
On ne se marie qu'une fois.

LE PRÉSIDENT
Hélas, c'est là le drame.

EUGÉNIE
Tu n'es pas aimable.

LE PRÉSIDENT
Mon métier n'est pas d'être aimable mais d'être juste. Non, juste n'est pas le mot. Rien n'est juste. Personne n'est juste. C'est de la rigolade. Ma mission, c'est de faire appliquer la loi pour maintenir un ordre social. Quel qu'il soit.

EUGÉNIE
Tu me surprends. C'est vrai que tu as été communiste dans ta jeunesse. Quel drôle d'ordre tu aurais eu à défendre tout de même !

LE PRÉSIDENT
Ma chère, je t'estime trop pour te mentir ou pour finasser avec toi. Si j'ai donné des gages aux communistes, ce n'était pas pour des prunes. Il me fallait trouver des protections sinon j'allais dans le mur. Quelle meilleure protection que la gauche et, allons-y, ces chapeaux pointus auxquels vous faisiez allusion tout à l'heure ? Sans eux, j'aurais échoué comme mon père. C'était un homme remarquable, intègre, un pur. À quoi l'a mené son intransigeance, sa pureté ? À devenir un pestiféré. Moi j'ai compris la leçon.

EUGÉNIE, *après un petit temps.*
Le déjeuner sera bientôt prêt. Souhaites-tu te joindre à nous, ou préféres-tu un plateau repas ?

LE PRÉSIDENT
Ai-je vraiment l'air de quelqu'un qui a envie de batifoler avec des réjouissances familiales ? Surtout pour entendre les mêmes idioties. Ce n'est vraiment pas le jour. Un sandwich me suffira. Et surtout, si ce n'est pas trop demander, qu'on ne me dérange pas.

EUGÉNIE, *se dirigeant vers la sortie du bureau.*
Bien.

LE PRÉSIDENT, *sursautant.*
Le téléphone a sonné ?

EUGÉNIE, *s'arrêtant, et écoutant.*
Non, je ne crois pas.

LE PRÉSIDENT
Foutu téléphone !

Eugénie sort suivie de Pierre.
Le téléphone sonne à nouveau. Le Président se précipite.

LE PRÉSIDENT
Allô ?... Allô, Marion *(Il baisse la voix.)* Combien de fois t'ai-je dit de ne pas appeler ici ? Je te rappellerai de l'extérieur. Oui, à l'endroit habituel. *(Eugénie reparaît dans la pièce. Le Président reprend sa voix normale :)* Non, madame, il n'y a personne de ce nom ici. C'est une erreur. Je vous en prie. *(Il raccroche.)*

EUGÉNIE
Qui a appelé ?

LE PRÉSIDENT
Une dame sans importance.

La lumière baisse, se transforme...

Acte III

… et remonte de nouveau.

Debout en fond de scène, le Président contemple son parc.
Il se détourne bientôt, et, songeur, fait quelques pas sur la scène ; puis il va à sa table-bureau.
Tout en jetant de noirs regards sur le téléphone, il s'empare d'un jeu de cartes qu'il bat vigoureusement.
Puis il commence à les disposer sur son bureau lorsque Virginie paraît.

VIRGINIE
Papa… Le commissaire est revenu. Il demande à être reçu.

LE PRÉSIDENT
Non, non, je n'ai pas le temps.

VIRGINIE
Il insiste, il dit que c'est très important.

LE PRÉSIDENT
Mais qu'est-ce qu'il me veut encore cet imbécile de botelliste ?... Et d'ailleurs comment peut-on être botelliste ! C'est grotesque !

VIRGINIE
C'est quoi, un botelliste ?

LE PRÉSIDENT
Un abruti qui met des bateaux en bouteille !

VIRGINIE
C'est idiot !

LE PRÉSIDENT
Oui, c'est ce que je dis !... Bon, fais-le entrer.

Virginie est sortie.
Le Président range vivement ses cartes à jouer, et entre bientôt le commissaire.
Celui-ci semble avoir repris du poil de la bête.

LE COMMISSAIRE, *raide.*
Je viens sur réquisition du juge d'instruction. J'ai une commission rogatoire.

LE PRÉSIDENT
Il ne manquait plus que ça. Et comment s'appelle-t-il votre juge qui n'a pas cru bon de m'avertir ?

LE COMMISSAIRE
Le juge Jean Paul.

LE PRÉSIDENT
Le juge Jean Paul, tiens, tiens comme par hasard. Comme s'il n'avait pas fait assez de dégâts. On pourra dire que le syndicat de la magistrature nous aura bien emmerdé.

LE COMMISSAIRE
Moi, vous savez, je me contente d'obéir. Je n'ai pas à avoir d'états d'âme. J'ai tenté d'obtenir des aménagements eu égard à la haute personnalité que vous êtes, il n'y a rien eu à faire.

LE PRÉSIDENT
Qu'a-t-il dit ?

LE COMMISSAIRE
Il m'a simplement répondu : tout le monde doit être égal devant la justice.

LE PRÉSIDENT
Il a dit ça. Et vous croyez à ces sornettes, mon vieux ? Vous permettez que je sois familier avec

vous, monsieur le commissaire, car vous m'avez l'air d'un homme de bon sens. Mais entre nous, cette réponse est digne d'un fieffé idiot. Quand ma nomination à la Cour de cass sera effective, je m'arrangerai pour que la Chancellerie lui fasse son affaire. Il verra de quel bois je me chauffe. Mais mon vieux, vous n'êtes pas un naïf : vous voyez bien qu'il veut régler un compte. Il ne me pardonne pas d'avoir saqué un de ses petits copains écolo qui avait saccagé un champ d'OGM. Que veut-il savoir exactement ?

LE COMMISSAIRE
Il veut connaître votre emploi du temps dans la journée d'hier.

LE PRÉSIDENT
Rien de plus simple. J'ai déjeuné au Faisan Couronné avec le trésorier payeur général, monsieur Lariboisière, en compagnie de madame Bouffard-Lavigne, la patronne du journal *Le Pays libéré*. Une femme charmante qui ne fait pas son âge. Elle tient son journal d'une main de fer.

LE COMMISSAIRE
Avez-vous croisé la petite Jeannette ?

LE PRÉSIDENT
Forcément, elle est toujours ici dans les jupes de sa mère ou sur sa trottinette à massacrer la carrosserie

de ma voiture. Notez que je ne lui en veux pas, à la malheureuse enfant.

LE COMMISSAIRE
Vous lui avez parlé ? À quelle heure ?

LE PRÉSIDENT
Il devait être environ sept heures et demie. Je l'ai croisée et je lui ai dit vertement de cesser de rayer la carrosserie de ma voiture avec son abominable engin.

LE COMMISSAIRE
Et vous n'avez vu personne d'autre rôder dans les parages ?

LE PRÉSIDENT
Personne. Absolument personne... Sauf bien sur ce crétin de Roman, le Yougoslave SDF que ma femme héberge par pure bonté d'âme. Il dort dans le garage.

LE COMMISSAIRE
Il n'avait pas un comportement bizarre ?

LE PRÉSIDENT
Pas particulièrement. Mais tous ces Yougos, on ne sait jamais bien ce qu'ils trafiquent. Ils n'ont jamais l'air très catholiques. Mais puisque vous m'en parlez,

j'avoue que je lui ai trouvé un air étrange, comme s'il dissimulait quelque chose.

LE COMMISSAIRE
Et votre fils ? Vous connaissez son emploi du temps ?

LE PRÉSIDENT
Mon fils a trente ans. Et je ne suis pas une bonne d'enfants.

LE COMMISSAIRE
Selon la mère de Jeannette, il s'est promené avec la fillette un long moment juste après la tombée de la nuit.

LE PRÉSIDENT
C'est possible. Il adore les enfants. Et cette fillette était comme chez elle ici. Personne ne prêtait attention à ses allées et venues. Mais interrogez-le. La seule chose que je peux vous dire, c'est qu'il est rentré à pas d'heure et qu'il avait un bon coup dans le nez.

LE COMMISSAIRE
Le juge aimerait vous convoquer à son bureau avec votre fils pour confronter vos dépositions.

LE PRÉSIDENT
Vous plaisantez ? Savez-vous au juste à qui vous parlez ?

LE COMMISSAIRE
Je ne fais que vous transmettre les réquisitions du juge.

LE PRÉSIDENT
Je ne me rendrai pas chez le juge. Dites-le-lui bien. Je vais appeler la Chancellerie et, si besoin est, je parlerai au ministre. Mais permettez-moi, commissaire, de vous poser une question d'ordre professionnel : êtes-vous bien sûr d'avoir exploré toutes les pistes ? Particulièrement celle de Roman, le Yougoslave ?

LE COMMISSAIRE
Le juge considère qu'il est hors de cause.

LE PRÉSIDENT
Dans quel monde sommes-nous donc ? Le juge n'estime pas utile d'interroger un va-nu-pied alors qu'il ne se gêne pas pour convoquer un des plus hauts magistrats du pays ! Eh bien moi, je vais faire le travail que vous avez négligé de faire. *(Appelant :)* Pierre ! Pierre !... *(Revenant au commissaire)* Vous voulez des pistes ? Moi, je vais vous en trouver ! *(Arrive Pierre.)* Ah, Pierre. Viens, nous avons besoin de toi.

PIERRE
Qu'y a-t-il ?

LE PRÉSIDENT
Il y a que le petit juge nous cherche des noises à toi et à moi. Il veut faire d'une pierre deux coups. J'explique au commissaire, qui est un homme de bonne volonté, que le juge, pour des raisons que je ne m'explique pas ou plutôt que je m'explique trop bien, a tendance à négliger la piste du Yougo. Tu ne trouves pas toi qu'il a eu un comportement bizarre ?

PIERRE
Pour être bizarre, il est bizarre. Il n'est pas franc du collier. Mais mon père dit que c'est la race qui veut ça.

LE COMMISSAIRE
Vous trouvez que son comportement a changé depuis hier ?

LE PRÉSIDENT
Il est fuyant. On le sent mal dans sa peau. Je l'ai vu qui farfouillait dans la remise à outils. Il me semble que si vous le secouiez un peu, il ne tarderait pas à se mettre à table. Et croyez-moi, dans ce genre de crime, la bonne mine ne signifie rien. J'en ai vu à qui on aurait donné le bon Dieu sans confession qui avaient perpétré des crimes abominables. D'ailleurs, ce genre de pervers est

mû par une pulsion subite, et le crime commis, il ne se souvient de rien. Ce sont souvent des cas de dédoublement de personnalité. Le pire, c'est que parfois ils ont été eux-mêmes abusés dans leur enfance. Il faudrait mieux les soigner que les condamner. Mais le risque qu'ils font courir aux familles est trop grand.

PIERRE
Je l'ai vu qui lavait sa chemise en cachette au robinet du garage. Et puis vous avez vu cette griffure sur sa joue. Bizarre non ?

LE COMMISSAIRE
Une griffure sur la joue ! Vous êtes sûr ?

LE PRÉSIDENT
Je l'avais remarquée aussi, mais je ne voulais pas accabler ce pauvre bougre. Ça m'a tout l'air d'une trace laissée par les ongles d'une fillette qui se défend.

LE COMMISSAIRE
Et la chemise, quand l'a-t-il lavée ?

PIERRE
Pas plus tard que ce matin, et je vous jure qu'il l'essorait fort, comme s'il voulait effacer des traces de sang.

LE COMMISSAIRE
C'est très troublant en effet. Je vais rapporter tout cela au juge. Il changera peut-être d'avis.

LE PRÉSIDENT
J'en doute fort. Avec ce genre d'énergumène gauchiste, il faut employer la manière forte. Je vais téléphoner à la Chancellerie.

Le commissaire salut et sort. Le Président va au téléphone.

LE PRÉSIDENT
... Non, cher directeur, je ne vous appelle pas pour ma promotion. Je sais attendre. Je ne vous téléphone pas non plus pour quêter vos remerciements. Ce que j'ai fait était on ne peut plus normal. C'était un jeu d'enfant d'atténuer les réquisitions du parquet contre votre cousin. Elles étaient beaucoup trop sévères. Vous devinez pourquoi ?... Non, ce qui m'amène, c'est une broutille. J'ai un petit juge qui me cherche des noises. Il veut se faire remarquer. Accessoirement faire capoter ma promotion. Il est jeune. Il faudrait lui mettre un peu de plomb dans la tête. C'est d'ailleurs son intérêt. Mais l'ennui avec ces jeunes juges tout frais émoulus de l'école de la magistrature, c'est qu'ils ne pensent pas à leur intérêt. Ils se prennent pour des justiciers. L'idéologie les aveugle. Vous pouvez me rendre

ce petit service ? Vous prenez note. Il s'appelle... *(Il se met à parler tout bas.)* Oui, c'est cela... Comment ?... S'il a une bonne réputation ? Oui, enfin, ça dépend : honnête pour les uns, gauchiste pour les autres. Il hésite entre son devoir et sa carrière, voyez... Enfin, il est jeune, ça lui passera. Je peux compter sur vous ?... Merci, cher directeur. J'attends votre appel.

Entre Eugénie. Elle s'adresse au Président :

EUGÉNIE
Alors tu as fini par l'avoir, ton coup de téléphone. Te voilà rassuré.

LE PRÉSIDENT
Non, ma chère, il s'agissait de tout autre chose.

EUGÉNIE
Nous devrions quand même prendre des nouvelles de Mamie. Sa garde-malade était inquiète.

LE PRÉSIDENT
Combien de fois devrais-je te répéter que Mamie n'est ma mère que sur le papier ? Je n'ai reçu d'elle que des paroles humiliantes, des remarques blessantes. Je me demande comment j'ai pu m'en sortir avec une mère aussi égoïste. Elle n'en a jamais eu que pour mon frère, Jean, cet incapable, hypocrite, mielleux, sous prétexte qu'il était le fruit de sa

passion pour son amant, le commandant Le Brunel, un héros de la Résistance. Et moi, j'avais le tort inexpiable de n'être que le fils légitime de mon père.

EUGÉNIE

Mon pauvre ami, je sais combien tu as souffert de cette mère indigne. Mais il faut pardonner. Tu t'en es bien sorti alors que ton frère brûle la chandelle par les deux bouts. Il passe son temps à Longchamp et à Chantilly. Son héritage ne fera pas long feu avec lui.

LE PRÉSIDENT

C'est vrai, j'ai eu une belle carrière et je vais probablement la finir en beauté. Mais, comme disait madame de Staël, la gloire est le deuil éclatant du bonheur. Ma mère m'a volé ma vie. Si on savait le temps que j'ai passé à pleurer. Je n'avais aucune affection. Seulement une petite fille de mon âge qui ressemblait à la petite Jeannette. Elle était la fille du chauffeur de ma mère. Je crois que c'est l'être que j'ai le plus aimé. Elle est morte noyée. Un jour que nous nous baignions ensemble dans l'étang de notre propriété dans le Perche. Elle s'est débattue dans l'eau. Je ne saurai jamais ce qui m'a retenu de me porter à son secours. Les grandes personnes m'ont accusé d'être responsable de sa noyade. C'est de ce jour-là, de cette injustice, qu'est née ma vocation d'être juge.

EUGÉNIE
Tu ressasses sans cesse ton enfance. Ça t'empêche de goûter les bonheurs de la vie. Tu finiras par pardonner à ta mère. Nous habiterons sa belle gentilhommière du Perche. Si, du moins, elle n'a pas tout légué à Jean ?

LE PRÉSIDENT
Tu n'as jamais entendu parler de la quotité disponible ? Sans cela, elle ne me laisserait rien.

EUGÉNIE
Quand elle aura disparu, nous la regretterons : en dépit de son égoïsme, c'était une sacrée personnalité.

LE PRÉSIDENT
Le seul bien qu'elle pourra nous faire, ce sera de mourir.

EUGÉNIE
Ne dis pas des choses pareilles.

Le téléphone sonne. Le Président décroche.

LE PRÉSIDENT
Allô ?... *(Prenant un ton sirupeux.)* Ah monsieur le directeur de cabinet... Ah, c'est fait, merci, comme vous êtes gentil. Et la promotion ? Une

question de minutes... Encore merci, cher ami. *(Il raccroche le sourire aux lèvres, puis il s'adresse à Eugénie en s'épongeant le front :)* Voilà, j'ai eu le chef de cabinet du ministre : tout est arrangé. On a passé un savon au petit juge. On lui a rabattu son caquet : la menace d'une mutation à Dunkerque lui a remis les idées en place. Il n'est plus question que je sois convoqué. Il est même prêt à rédiger une inculpation de Roman. Dans la magistrature, soit on se couche et on fait carrière, soit on regimbe et on ne va pas loin. Tu te souviens de ce juge qui avait essayé de faire le malin ? Il se croyait de taille à faire un bras de fer avec les compagnies pétrolières : on l'a muté à Hazebrouk. Pas terrible comme climat. Alors que ce juge complaisant qu'on a été chercher dans l'Himalaya en hélicoptère, regarde sa carrière. Ça n'a pas l'air de l'avoir beaucoup troublé ! La conscience, ça varie aussi avec l'altitude.

Arrive Virginie.

VIRGINIE
Papa, où en es tu ? As-tu reçu ton appel pour ta promotion ?

LE PRÉSIDENT, *grognon.*
Non, pas encore.

VIRGINIE
Ah ! J'ai absolument besoin du téléphone !

LE PRÉSIDENT
Débrouille-toi !

VIRGINIE
Mais j'ai été chez les voisins ; il n'y a personne !

LE PRÉSIDENT
Qu'y puis-je ?

VIRGINIE
Je sais que ça ne t'intéresse pas beaucoup, mais au cas où tu l'aurais oublié, je te signale que je vais me marier.

LE PRÉSIDENT
En quoi le téléphone est-il nécessaire pour se marier ?

VIRGINIE
Papa, tu es vraiment ailleurs. Tu ne m'as toujours pas donné ton accord pour le devis. Les La Chaize-dieu sont exaspérés.

LE PRÉSIDENT
Il y a un mystère que je voudrais éclaircir : en quoi a-t-on besoin pour se marier de faire venir l'orchestre des Wendy Sisters de Los Angeles ?

VIRGINIE
Question de standing. Toutes mes copines ont fait venir des orchestres pour leur mariage. Je ne veux pas avoir l'air d'une idiote. Surtout si en plus, tu es promu à la Cour de cass.

Le téléphone sonne : le Président se précipite.

LE PRÉSIDENT
Allô ?... Comment ? ... Non, pas du tout. Urgent ?... *(À Pierre :)* C'est pour toi. *(Il lui tend le téléphone.)* Mais dépêche-toi, il faut que la ligne reste libre.

PIERRE, *prenant l'appareil.*
Oui ?... Oui, c'est moi... Comment ?... Je suis nommé ?... Youppee ! Et quand dois-je commencer à la préfecture ?... Dans trois jours ! Ça c'est impossible. Je ne peux pas me libérer avant un mois. J'ai un important voyage à effectuer en Grèce, à Mykonos. Dites au préfet que je le remercie, mais que je travaillerai avec plus d'efficacité si on ne m'ampute pas de mes vacances. *(Il raccroche.)* Ça y est : je suis nommé chez le préfet.

EUGÉNIE
Ah !... On va fêter ça au champagne ! Je suis fière de toi, mon chéri.

PIERRE
Je n'allais tout de même pas sucrer mes vacances à Mykonos pour un préfet prévaricateur à qui papa a épargné la taule. Mais je me demande si c'est un boulot fait pour moi. Je vais devoir me taper une foule de raseurs. Et puis après tout : pourquoi tout le monde se croit-il obliger de travailler ? Papa travaille jusqu'à pas d'heure et ça ne le rend pas plus heureux pour autant. Il est toujours d'une humeur de chien.

LE PRÉSIDENT
Ai-je l'air d'une humeur de chien ?… Hein ? Ai-je une quelconque raison d'être de mauvaise humeur ? Ça fait des heures et des heures que j'attends un coup de fil qui ne vient jamais !… Alors, je vous le demande, ai-je une quelconque raison d'être de mauvaise humeur ?

Silence général, personne n'ose répondre.
La sonnerie du téléphone retentit. Le Président se précipite. Mais Virginie décroche la première.

VIRGINIE,
Allô ? … Oui, madame Bonnemain… Oui. Merci, madame Bonnemain. *(Elle raccroche, et annonce, après un temps :)* Mamie est morte. Elle n'a pas souffert.

Un silence s'installe.

LE PRÉSIDENT, *doucement, presque à lui-même, après un temps.*
Suis-je inhumain ou ai-je du mal à pleurer quelqu'un qui m'a trop fait pleurer ?

VIRGINIE, *après un petit temps, mezza voce, à Pierre.*
Maintenant, papa est riche : il ne pourra plus me refuser les Wendy Sisters.

Le téléphone sonne de nouveau. Pierre tend le bras et décroche.

PIERRE
Oui ? … Oui, je vous le passe… *(Au Président.)* C'est pour toi.

Le Président se précipite, arrache presque le téléphone des mains de Pierre.

LE PRÉSIDENT
Allô ? … Ah, cher ami. Alors ?… C'est fait ! Enfin ! Bon Dieu, vous pouvez vous vanter de m'avoir flanqué une sacrée frousse avec votre retard… Ça n'a pas été facile ? J'en étais sûr. Des opposants ? Qu'est-ce qu'ils ont encore été chercher pour me mettre des bâtons dans les roues ? Dites-moi les noms des traîtres !… Pas au téléphone, vous avez raison. Ils ne perdent rien pour attendre : je leur règlerai leur compte

plus tard. Et le ministre, il m'a bien défendu ?... C'est lui qui a emporté le morceau. Je n'en attendais pas moins de lui. Vous ne me croirez pas, cher ami, mais à mon âge, j'en suis encore tout excité. Comme lorsque j'attendais ma nomination à Nouméa ? Vous vous en souvenez ?... Je serai à Paris la semaine prochaine, nous aurons beaucoup de choses à nous raconter. *(Il raccroche et se tourne vers Eugénie.)* Ma chère, tu peux être fière de ton mari : il vient d'être promu à la Cour de cass. Il y en a qui vont faire une sale tête. C'est ça aussi, l'agrément d'une promotion : le plaisir d'en emmerder plus d'un.

VIRGINIE
Une deuxième bouteille de champagne !

Le téléphone sonne encore une fois. Le Président décroche.

LE PRÉSIDENT
Ah, monsieur le commissaire... Ça y est ?... Vous êtes sûr ? Roman est inculpé ?... Merci encore.

PIERRE, *rayonnant.*
Et encore une bouteille de champagne !

LE PRÉSIDENT, *bas, à Eugénie.*
Cesse de pleurer. Un peu de tenue. Sinon, cela va accréditer ce qu'on murmure sur tes relations coupables avec le Yougo.

EUGÉNIE
C'est ridicule. Mais qu'il soit inculpé me dévaste. Tu sais bien qu'il est innocent. C'est complètement injuste.

LE PRÉSIDENT
Innocent, innocent ! Qu'est-ce qui est juste dans ce bas monde ? Crois-tu que je ne sois pas payé pour savoir ce qu'est un innocent ? Souvent un fou, ou un malade, mais le plus souvent, seulement un homme qui se trouve au mauvais endroit au mauvais moment. Crois-tu que les Japonais d'Hiroshima qui se sont trouvés vitrifiés par la bombe H, n'étaient pas des innocents, eux aussi ? Mais ils ont bizarrement servi une cause qui les dépassait. La justice n'est pas là pour régler de misérables cas individuels, mais pour maintenir la fiction de l'ordre social sans lequel l'injustice, la barbarie règneraient. C'est ce que ne pourront jamais comprendre les femmes. Elles mettent du sentiment partout. Sauf peut-être Golda Meir, Indira Gandhi et Margaret Thatcher, mais peut-on encore appeler ça des femmes ?

EUGÉNIE, *sanglotant.*
Mais la justice, où est-elle ?

LE PRÉSIDENT
Ah tu t'y mets toi aussi, à chanter cette rengaine des journalistes. Prends un écrivain que je n'aime pas beaucoup, Romain Gary, il a écrit une phrase très intéressante que je me permets d'adapter à notre profession, que dis-je, à notre sacerdoce. Il a dit : je n'ai pas de morale, je n'ai qu'une esthétique. Eh bien moi, mon esthétique, elle est tout entière dans un arrêt bien rédigé, dans un jugement irréfutable. Ce n'est pas à la mode de le dire, mais tout est dans la forme. C'est grâce à cette forme impeccable que la justice tient debout. Regarde l'arrêt de renvoi qui créait les Sections spéciales sous Vichy, admirablement rédigé par ce procureur dont je ne sais plus le nom. Je ne veux pas juger cette affaire sur le fond. Évidemment, son auteur ne pouvait pas imaginer qu'en condamnant les terroristes communistes, largement responsables des représailles allemandes, ceux-ci seraient les grands gagnants à la Libération.

EUGÉNIE
Tu ne vas tout de même pas défendre les Sections spéciales ?

LE PRÉSIDENT
Et pourquoi pas ? Peux-tu me dire pourquoi on s'en prend toujours aux juges et jamais aux membres du conseil d'État ? Leur cas n'est pas meilleur. Je dirais qu'il est pire. Ce sont eux qui ont largement aggravé les préconisations du commissariat aux questions juives en octobre 40 qui ont abouti au fameux décret. À cause d'eux, on a eu cent mille affaires Dreyfus. Et personne n'a moufté.

EUGÉNIE, *entre deux sanglots.*
Ce sont toujours les malheureux qui paient.

LE PRÉSIDENT
Mais, ma chère, on ne devient pas SDF par hasard. T'es-tu seulement demandé pourquoi un beau garçon comme lui, bien sûr pas très doué pour les langues, a préféré devenir une loque humaine plutôt que de travailler comme tout le monde ?

EUGÉNIE
Il était professeur de lettres à Belgrade. Un jour, il a découvert que sa femme, qu'il adorait, le trompait. Il a décroché. Après une tentative de suicide, il est parti sur les routes. Il a vécu en mendiant son pain.

LE PRÉSIDENT
Un prof de lettres devenu SDF, ça m'en bouche un coin. Je n'en reviens pas. Ça m'ouvre des horizons.

PIERRE
Voilà une affaire rondement menée. Encore heureux qu'aucun journaliste ne s'en soit emparée.

LE PRÉSIDENT
Oui, un modèle du genre. Vous rendez-vous compte de ce qui se serait passé si on n'avait pas découvert que Roman était le coupable ? Ma promotion aurait capoté, Pierre n'aurait pas été engagé à la préfecture, et le mariage de Virginie aurait eu du plomb dans l'aile. Roman d'une certaine façon nous a rendu un fier service. Et le déshonneur, vous voyez d'ici le déshonneur. Comment aurais-je pu rester au golf de Mortefontaine ? Sans ce pauvre type, on aurait soupçonné tout le monde. À quoi tient la bonne harmonie d'une société ? À rien, à un SDF dont la surface sociale est quasiment nulle. Qui aurait pu ne pas exister sans que l'ordre du monde eût été en quoi que ce soit changé.

EUGÉNIE, *qui continue de pleurer.*
C'est affreux. Je me sens tellement coupable. J'ai l'impression d'avoir été la complice d'une injustice.

LE PRÉSIDENT
Ma chère, pour te prouver que moi aussi j'ai du cœur, je te promets de faire ce qu'il me sera possible pour que Roman ne soit pas trop lourdement condamné. Je ne conteste pas qu'il ait des qualités. Un ancien prof de lettres ce n'est pas rien. On a retrouvé les outils qui avaient disparu. C'était l'ancien jardinier qui les avait empruntés. D'ailleurs, j'ai su par le commissaire qu'il n'a nullement cherché à se défausser sur nous. Il aurait pu. Les petits juges croient plus facilement à l'innocence d'un traîne-savates qu'à celle des gens honorables. Il faut croire que c'est ce qu'on leur apprend maintenant à l'École de la magistrature. Un bourgeois est forcément coupable. Ne vous inquiétez pas trop pour Roman, on lui trouvera un bon avocat, on fera intervenir les psychiatres en sa faveur. Et toi, ma chère, tu seras comme un poisson dans l'eau pour donner une excuse psychanalytique. Tu auras le chic pour faire intervenir les fessées, le pipi au lit, les méchancetés de papa-maman et tout le bataclan. Je vois ça d'ici. Moi-même, je témoignerai que c'était un brave garçon : seulement un malade entraîné par une pulsion irrésistible. En jouant finement, il devrait s'en tirer avec quatre ou cinq ans de réclusion. Avec une bonne conduite, il pourra être sorti dans trois ans. C'est quand même peu de chose trois ans dans toute une vie.

EUGÉNIE, *sanglotant.*
Trois ans, mais c'est horrible...

LE PRÉSIDENT
Trois ans, qu'est-ce que c'est, mis en balance avec l'honneur d'une famille ?

Le téléphone sonne de nouveau. Pour une fois, le Président ne se précipite pas ; il lance à Virginie :

LE PRÉSIDENT, *indiquant le téléphone.*
Prends, prends, si c'est les La Chaizedieu ? Dis-leur que c'est d'accord pour les Wendy Sisters !

Virginie joyeuse court au téléphone et décroche rapidement.

VIRGINIE
Oui ?... Pardon ?... Je vous le passe. *(Elle tend le combiné vers le Président.)* C'est pour toi.

LE PRÉSIDENT, *s'emparant du combiné.*
Oui ?... Ah, commissaire. Alors ?... Roman a avoué ?... J'en étais sûr ! Pardon ?... Comment ça, difficile ?... Pourquoi ?... Oui, je sais bien qu'il ne comprend pas deux mots de français, mais... Bien sûr, c'est le problème avec les Yougos, ils ne comprennent rien... Mais l'important est qu'il ait avoué, n'est-ce pas ?... Absolument. Merci, commissaire.

(Il raccroche, se tourne vers la famille, rayonnant.)
Tout s'éclaire enfin : Roman a avoué !

EUGÉNIE, *étouffant un sanglot.*
Mon Dieu !

VIRGINIE, *baissant la voix, à Pierre.*
Quel gâchis, c'était vraiment un beau garçon. Et au lit, enfin dans la balancelle, vraiment une affaire.

PIERRE, *à la cantonade.*
Et le champagne ! On allait oublier le champagne !

VIRGINIE, *joyeuse.*
Tu as raison, passons au salon.

PIERRE, *idem.*
Champagne !

Le téléphone sonne de nouveau. Personne ne se déplace sauf Eugénie, toujours quelque peu larmoyante.

EUGÉNIE
Allô ?... Ah, c'est monsieur le juge ?... Comment ?... Ce n'est pas possible !... Pas morte ?... Jeannette !... C'est incroyable ! Je vous passe mon mari.

LE PRÉSIDENT, *au téléphone.*
Qu'est-ce que c'est encore que cette histoire ? ... Jeannette, seulement dans le coma !... Un gros chien ?... En effet, c'est vraiment bizarre... Merci, merci, beaucoup.

Il raccroche et se tourne vers sa famille.

LE PRÉSIDENT
L'affaire est loin d'être simple. La mère de Jeannette qui est complètement toquée a raconté des histoires. Vous connaissez l'imagination fertile des gens du peuple. La fillette aurait été seulement renversée par un gros chien. L'ennui, c'est qu'on l'a retrouvée complètement nue. Les gros chiens n'ont pas pour habitude de déshabiller les petites filles. Mais si ce n'est pas le chien, qui cela peut-il être ? On n'en revient toujours à Roman. Hélas.

EUGÉNIE, *après un bref temps.*
Tant mieux pour la pauvre petite. Mais maintenant que va-t-on faire ? Et le pauvre Roman ?

LE PRÉSIDENT
Que va-t-on faire ?... Mais rien, ma chère. La machine est lancée. La sagesse, c'est de nous contenter d'un à-peu-près. Roman fait l'affaire, c'est tout. Si on revenait en arrière, quel bénéfice en tirerions-nous ? On recommencerait à soupçonner tout le

monde. Vous savez où ça mène la confrontation hystérique des témoignages et cette vérification maniaque des emplois du temps, crois-moi, à rien d'autre qu'à patauger dans la boue. Au mieux nous aurions tous l'air d'être des imbéciles.

Un silence, peut-être un peu lourd, s'installe. Silence que Pierre, joyeux, rompt bientôt :

PIERRE
Allez, champagne ! champagne !!!

Et la famille de sortir en direction du salon, tandis que la musique s'élève et que la lumière descend jusqu'au...

Noir

Table

DU MÊME AUTEUR

Chez Albin Michel

ILS VOYAGÈRENT VERS DES PAYS PERDUS, roman, Albin Michel, 2020.

Aux Éditions Gallimard

LE GOÛT DU MALHEUR, roman, 1993.

MORNY, UN VOLUPTUEUX AU POUVOIR, essai, 1995.

BERNIS, LE CARDINAL DES PLAISIRS, essai, 1998.

UNE JEUNESSE À L'OMBRE DE LA LUMIÈRE, roman, 2000.

UNE FAMILLE DANS L'IMPRESSIONNISME, coll. « Livres d'art », 2001.

NOUS NE SAVONS PAS AIMER, roman, 2002.

LE SCANDALE, roman, 2006.

LA GUERRE AMOUREUSE, roman, 2011.

NAPOLÉON OU LA DESTINÉE, biographie, 2012.

NE PARS PAS AVANT MOI, roman, 2014.

UNE JEUNESSE PERDUE, roman, 2016.

LA VÉRITÉ SUR LA COMTESSE BERDAIEV, roman, 2018.

MES RÉVOLTES, roman, 2022.

AUGUSTIN ROUART. ENTRE PÈRE ET FILS, coll. « Livres d'art », 2023.

LA MAÎTRESSE ITALIENNE, roman, 2024

Aux Éditions Grasset

LA FUITE EN POLOGNE, roman, 1974.

LA BLESSURE DE GEORGES ASLO, roman, 1975.

LES FEUX DU POUVOIR, roman, 1977. Prix Interallié.

LE MYTHOMANE, roman, 1980.

AVANT-GUERRE, roman, 1983. Prix Renaudot.

ILS ONT CHOISI LA NUIT, essai, 1985.

LE CAVALIER BLESSÉ, roman, 1987.

LA FEMME DE PROIE, roman, 1989.

LE VOLEUR DE JEUNESSE, roman, 1990.

L'INVENTION DE L'AMOUR, roman, 1997.

LA NOBLESSE DES VAINCUS, essai, 1998.

DISCOURS DE RÉCEPTION À L'ACADÉMIE FRANÇAISE, 2000.

ADIEU À LA FRANCE QUI S'EN VA, essai, 2003.

MES FAUVES, essai, 2005.

DEVOIR D'INSOLENCE, essai, 2008.

CETTE OPPOSITION QUI S'APPELLE LA VIE, essai, 2009.

Chez d'autres éditeurs

OMAR, LA CONSTRUCTION D'UN COUPABLE, essai, De Fallois, 2001.

LIBERTIN ET CHRÉTIEN, entretiens avec Marc Leboucher, Desclée de Brouwer, 2004.

GORKI, L'EXILÉ DE CAPRI, théâtre, L'avant-scène théâtre, 2006.

CES AMIS QUI ENCHANTENT LA VIE, essai, Robert Laffont, 2015.

LES ROMANS DE L'AMOUR ET DU POUVOIR, Bouquins, 2016.

LE PSYCHODRAME FRANÇAIS, essai, Robert Laffont, 2017.

LES AVENTURIERS DU POUVOIR, Bouquins, 2018.

CE PAYS DES HOMMES SANS DIEU, essai, Bouquins, 2021.

LE BAR DE L'ORIENTAL, théâtre, L'avant-scène théâtre, 2024.

Composition Nord Compo
Impression CPI Bussière en mars 2025
Éditions Albin Michel
22, rue Huyghens, 75014 Paris
www.albin-michel.fr
ISBN : 978-2-226-50255-1
N° d'édition : 27733/01 – N° d'impression : 2082662
Dépôt légal : mars 2025
Imprimé en France